U0837232

# 向美而行

## ——一名教育行者的印记

李青 著

文化发展出版社
Cultural Development Press
·北京·

**图书在版编目（CIP）数据**

向美而行 ：一名教育行者的印记 / 李青著 . — 北京 ：文化发展出版社，2024.1

ISBN 978-7-5142-4195-2

Ⅰ . ①向… Ⅱ . ①李… Ⅲ . ①中小学教育－美育－教学研究 Ⅳ . ① G40-014

中国国家版本馆 CIP 数据核字 (2024) 第 005863 号

**向美而行 ：一名教育行者的印记**

著　者 李 青

出 版 人：宋　娜
责任编辑：周　蕾　　责任校对：侯　娜
责任印制：邓辉明　　装帧设计：隐园文化
出版发行：文化发展出版社（北京市翠微路 2 号　邮编：100036）
网　址：www.wenhuafazhan.com
经　销：全国新华书店
印　刷：唐山楠萍印务有限公司

开　本：710mm × 1000mm　1/16
印　张：15
字　数：322 千字
版　次：2024 年 5 月第 1 版
印　次：2024 年 5 月第 1 次印刷

定　价：69.80 元
I S B N：978-7-5142-4195-2

◆ **如有印装质量问题，请电话联系：13121110935**

# 自 序

2016 年 1 月，根据组织安排，我被调到九江市第七中学（以下简称“九江七中”）工作。这是一所以美育为特色的江西省重点中学，曾有过辉煌的美育办学历史，在九江市乃至江西省美育圈享有盛誉。

在学校工作一段时间之后，我发现尽管学校有着鲜明的特色，但还没有形成统领学校全面发展的学校文化，导致在明确目标、凝聚人心、做亮品牌和推动发展方面抓手不足。为此，我们通过查阅校史，召开座谈会、研讨会等方式广开言路，听取意见，在对学校办学历史、当前现状和发展趋势深入挖掘和清晰辨识的基础上，凝练出广大师生、校友认同的“尚美”文化，并大力倡导“向美而行，乐在其中”（后成为学校新的校训）。此校训既鲜明指出了学校“追求美好”的价值取向，也包含学校美术、音乐两种主要美育学科，且“乐在其中”的“其中”还与“七中”谐音，念起来朗朗上口，清新亲切，深受广大师生喜爱。

在九江七中工作的时光是清苦而快乐的，正如本书的编撰，虽然倾注了自己不少心血，却也有着宜人的幸福感。本书收录的文章是我在教育工作岗位上的一些体会和思考，其多数篇章是在九江七中工作期间撰写的。针对本书的书名虽也做了一些考量，但最终还是选用了“向美而行”。我想“向美而行”不仅是对七中和七中的学生，也是对包括我在内的七中所有教师的一种生存状态和精神归属的期盼和引领。

美是教育的终极价值，也是教育的终极目标。古罗马政治家、哲学家西塞罗曾说：“我对于事业的抱负和理想是以‘真’为开始，‘善’为历程，‘美’为最终目标的。”我想，有了“美”的照亮，有了向“美”之心，我们的教育一定会越发美好，我们的社会也一定会变得更美好。

限于学识水平和研究能力，本书舛误之处在所难免，祈望读者及专家批评指正。

2022年春于浔阳

# 目 录

## 第三篇· 美益求美



## 第四篇· 美育印记

## 第五篇·释回增美



## 附　录



## 后　记

第一篇

# 美美与共

九江七中在多年教育实践的基础上，凝练形成了以“各美其美，美美与共”为核心价值观的学校“尚美”文化，作为学校教育教学工作的统领。本部分收录的文章均为作者于 2016—2022 年在九江七中工作期间，对学校“尚美”文化以及相关教育教学工作的思考和回顾，故称之为“美美与共”。

# 办师生向往的“美好”教育

## ——九江市第七中学“尚美”文化建设探索与实践

**摘要**：九江市第七中学是一所以艺术教育为特色的江西省重点中学，为了推动学校高质量发展，学校在多年艺术特色办学的基础上，总结凝练了广大师生认同的“尚美”文化，并以此为统领，多措并举，多管齐下，重点建设实施了以“九会一特长”（9+1）课程为核心的“尚美”系列特色课程，教育工作中坚持以美育人、以美化人、以美培元，取得显著效果，为学校优质发展，办师生向往的“美好”教育助力良多。

**关键词**：尚美文化　九会一特长　文化操作体系建设

教育是什么？孔子说，教育就是爱和尊重，所谓“仁者爱人”；鲁迅说，教育就是培养大写的人，所谓“立人之事业”；德国教育家第斯多惠说教育就是激励、唤醒、鼓舞，所谓“一棵树摇动另外一棵树，一朵云推动另一朵云”。然而在九江市第七中学（以下简称九江七中、七中）校园，师生们的回答一定是“尚美”，是“向美而行”，这就是近年来九江七中师生浸染在“尚美”文化之中所收获的成果。

### 一、“尚美”文化建设的背景

九江七中“尚美”文化指以学校美育特色为切入点，引导广大师生认识美、发现美、鉴赏美、崇尚美、践行美、创造美，不断完美自我，实现美好人生。九江七中“尚美”文化建设的背景可以简单概括为四个“基于”。

（一）基于九江七中的办学传统和发展瓶颈

九江七中创办于1973年，曾为九江师范专科学校附属中学、九江学院附属中学。学校虽被评定为“江西省重点中学”，但高中生源主要为九江市第一、第二、第三中学等第一批省重点中学录取后剩余的普通类生源，学生文化课程基础较为薄弱。在这种基础上，为了让招进来的学生能上大学，办好老百姓满意的教育，学校在前任领导的带领下，于1992年依托九江师范专科学校艺术系师资力量，开始了以美术、音乐教育为特色的办学之路，并取得优异的教学成绩，高考升学率不断攀升，得到上级部门和社会各界的充分肯定。九江七中1997年被省教育厅命名为“艺术教育样板学校”，1999年被市教育局命名为“九江市艺术学校”，2004年被江西省教育厅教学教材研究室批准为“江西省中小学艺术教育基地”，2007年被江西省教育厅批准为“江西省中学艺术教育示范学校”，2009年被江西省教育厅批准为“江西省重点中学”，2011年被评为“江西省艺术教育先进单位”，2020年成为“江西省普通高中特色发展学校”，自2001年起，连续20年被市教育局评为“高中教学质量管理优胜单位”。

尽管七中艺术高考升学率不断攀升，艺术特色名气渐大，获取的有关艺术教育方面的荣誉越来越多，但我们发现，学校未能充分利用艺术教育方面的优质教育资源，全面推进学校校园文化的提升和教学理念的转变，导致学校后续发展乏力，主要表现在以下两个方面。

一是艺术特色教育只针对走高考艺术方向专业生的应试，并不是面对所有学生的素质提升。学校艺术特色主要集中体现在部分艺术高考方向的学生教育上，而高中其他文化方向学生的艺术教育缺失。因此，七中的艺术特色带有鲜明的应试功利色彩，不能称七中为特色学校（面向全体学生），而只能称艺术教育为其学校特色（面向部分学生）。

二是学校育人文化内涵不明确，氛围不浓厚，尤其是未能将艺术特色教育全面提升为一种全校师生认同的新的学校育人文化和教育理念。学校艺术高考虽取得不错的成绩，但学校艺术氛围不浓，观念尚不统一，尚未凝练形成师生校友认同的学校文化，学校的艺术生和文化生存在“两张皮”现象，两者之间的文化程度差异甚大，乃至于文化课教师与艺术课教师之间存在分歧，相互之间难以理解，经常因为教师待遇和学校下一步发展方向而争论不休，学校“内卷”现象严重，影响学校健康快速发展。

面对迅猛发展的教育形势，七中如何在现有基础上，统一思想，凝聚人心，继续发挥自身优势，持续推动学校发展，成为摆在七中人面前的一个课题。

（二）基于国家政策的导向和领导的要求

2015 年以来，国家对美育工作更加重视，出台了多个文件进行规范指导，七中的美育工作对照国家政策、领导要求都有差距。

1. 从国家政策层面看。国务院办公厅 2015 年下发《关于全面加强和改进学校美育工作的意见》（以下简称《意见》）（国办发〔2015〕71 号），《意见》指出美育是审美教育，也是情操教育和心灵教育，不仅能提升人的审美素养，还能潜移默化地影响人的情感、趣味、气质、胸襟，激励人的精神，温润人的心灵。美育与德育、智育、体育相辅相成、相互促进。同时，《意见》指出，总体上看，美育仍是整个教育事业中的薄弱环节，主要表现在一些地方和学校对美育育人功能认识不到位，重应试轻素养、重少数轻全体、重比赛轻普及，应付、挤占、停上美育课的现象仍然存在；资源配置不达标，师资队伍仍然缺口较大，缺乏统筹整合的协同推进机制。《意见》要求坚持“育人为本，面向全体”基本原则，让每个学生都享有接受美育的机会。《意见》在总体目标中特别指出，2015 年起全面加强和改进学校美育工作。到 2020 年，初步形成大中小幼美育相互衔接、课堂教学和课外活动相互结合、普及教育与专业教育相互促进、学校美育和社会家庭美育相互联系的具有中国特色的现代化美育体系。《意见》指出，学校美育课程建设要以艺术课程为主体，各学科相互渗透融合，重视美育基础知识学习，增强课程综合性，加强实践活动环节。要以审美和人文素养培养为核心，以创新能力培育为重点，科学定位各级各类学校美育课程目标。

2020 年 10 月，中共中央办公厅、国务院办公厅印发了《关于全面加强和改进新时代学校美育工作的意见》，意味着美育工作已被纳入国家战略。教育部有关负责人在介绍该意见出台背景时强调，党的十八大以来，学校美育实现了跨越式发展，取得了历史性成就。但总体上看，美育仍然是整个教育事业中的薄弱环节，学校美育在改革发展中表现出了三个不适应：学校美育与素质教育的要求不相适应；与推进教育现代化的要求不相适应；与全面实现小康社会和两个百年奋斗目标不相适应。因此，需要找准突破口和落脚点，力争在课程教学、教师队伍、条件改善、评价机制等方面现有工作的基础上，提出进一步的改革举措。

2. 从领导要求层面看。2019 年 4 月 20 日，全国学校美育工作会议在苏州举行，时任教育部部长陈宝生提出，要做好八个“一”，全面加强和改进新时代学校美育工作。他特别提道：“德智体美劳彼此不是相互分割、机械堆积，是一个辩证的、有主有从、相辅相成的关系，都服务于培养合格的建设者和接班人，培养全面发展的人。”“要把社会主义核心价值观贯穿于教育的方方面面，贯穿于育人的全过程、各环节。从国家、社会、个人三个层面推动社会主义核心价值观的培育和践行，做到美育生活化、生活美育化和教育审美化、审美教育化。”“大力传承和弘扬中华优秀传统文化，这是发展美育最丰富的资源、最基本的根基，要做到在审美中育人、在育人中审美，在审美中成长、在成长中审美。”“要构建适应国情、符合学生成长规律要求的美育制度体系、课程体系、评价体系，发挥‘指挥棒’作用。”对照陈部长的八个“一”要求，我们的工作还有差距。

（三）基于对教育本质认识的不断深入

纵观古今中外，对教育的认知表述各异，不尽相同，但经历了 20 余年美育特色发展的七中人有着自己的独特认识。七中人认为教育的目的是让人更美好、让生活更美好、让世界更美好！美是教育的终极价值，也是教育的最高表达。

回览中外教育史，不少教育家也有着类似的看法。比如席勒认为，教育的根本目的是美好人格的养成；蔡元培曾提出要以美育代替宗教；陶西平提出教育之美在于求真、求善、求美；费孝通提出了“各美其美，美人之美，美美与共，天下大同”；苏霍姆林斯基说，最好的学习方法是唤起学生对美的追求，尤其是心灵深处。

（四）基于学校师生对未来发展的期望

九江七中师生翘首盼望学校在提升教学质量的同时，能通过凝练学校文化，浓厚艺术氛围，提升学生的综合素质和审美素养，让学校的发展跃上新台阶。

九江七中“2021—2030 年”十年发展规划的主题就是：办师生向往的“美好”教育。对七中人而言，教师向往的“美好”教育是“校园优美，待遇体面，平台广阔，人尽其才，氛围民主，生动活泼，在工作中充分体验到尊重、成功、幸福和美好”。学生向往的“美好”教育是“校园优美，文化浓郁，课程优质，德育走心，因材施教，自由生长，促使学生成为最好的自己，为美好一生打下坚实基础”。

从七中办学历史脉络可以看出，七中提出的“尚美”，是起于美术，兴于美育，止于美好。

## 二、九江七中“尚美”理念文化系统

（一）对学校文化的基本认识

什么是学校文化？网络上定义学校文化的概念是：以学校为地理环境圈，由全体师生在学校长期的教育实践过程中积淀和创造出来的，并为其成员所认同和遵循的价值观、精神、行为准则及其规章制度、行为方式、物质设施等的一种整合和结晶，其本质意义在于影响和制约学校内人的发展，其最高价值在于促进学校内人的发展。七中人认为，学校文化是弥漫在校园中可以滋养、改变师生生存状态的空气。文化的作用是组织认同，学校文化就是在学校做事的方式，当选择一所学校时，就是选择了一种生活方式。

（二）国内教育中“尚美”文化建设的有关情况

依据国家教育发展的方针政策，结合九江七中艺术教育特色品牌实际，在学习和参考当前教育研究最新成果的基础上，我们开展了以美育教育为中心，全面提高学生综合素质的“尚美”文化建设工程，重点是凝练具有学校特色的育人文化和教学理念，并形成切实可行的课程体系。

纵览国内教育，全国各地学校以“尚美”作为学校文化建设主题的不少，仅从知网搜索“尚美文化”关键词，就有相关论文共189篇，作者单位包括幼儿园、小学、中学、职高、大学等不同层次学校和教育机构，也有不少是从学科角度进行阐述的。从地域角度看，文章单位主要集中在江、浙、沪、粤、鄂等发达省市，其中也包括为数不多的艺术特色中学。这些学校在文化建设过程中，都有对“尚美文化”不同的理解和诠释，而且都有结合自身实际的实践和探索，但纵观这些兄弟学校的做法，他们多数在校园建设、学校管理、德育、课堂模式等方面与“尚美文化”主题有融合探索，而涉及课程抓手的不多。也有少数学校的“尚美文化”建设，看似与课程建设有关联，但多停留在文字表述层面，可操作性没有阐述或阐述得不多，其实践性有待检验。需要注意的是，课程教学是学校教育主阵地，脱离主阵地的文化建设容易被“虚化”，容易被说在嘴上，挂在墙上，就是落不到实处。因此“尚美”文化建设显得抓手不硬，虚多实少，效果则会打折扣。

（三）九江七中“尚美”文化的理论基础及基本概念

我们往往把真、善、美并列，并认为美只不过是与真和善相平行的一种价值。其实，美是真与善的统一，也就是说，美是在真和善之上的一种终极价值。美之所以能成为一种终极价值，是因为审美活动的快感，无论是求知上的“真”，还是行为中的“善”，都最终归结为审美的快感体验才具有真正意义。古希腊哲学家苏格拉底就区分了一般的“技术”和“艺”在境界上的差别，认为只有到了“艺”这个层次才是回归到真正纯洁的灵魂，这是一种审美的愉悦体验和境界。德国古典哲学家康德认为，只有艺术实践才能成就一个真正自由和幸福的人。中国古代教育家孔子认为“学”与自我修养是一种快感体验和审美过程，所以“学而时习之，不亦乐乎”。总而言之，“美”是我们的终极追求，“尚美”的教育理念应该是全人教育的核心观念。

然而，在中学分科教育体制下，人们对于“美育”往往也理解成为狭义的“美术”和“音乐”等艺术课教育。真正的美育是将美学原则渗透于各科教学后形成的教育，并贯穿于教育的全过程。美国教育学家杜威认为“教育即生活”，“学校即社会”，美育的原则也应该全面渗透到受教育者所过的“生活”和所处的“社会”中。

由此，九江七中开展的“尚美文化”建设研究，其理论依据包含以下两个方面。

第一，将“艺术教育”特色提升为全面的“尚美”文化育人理念。美是终极价值，当然也是教育的终极目标。“艺术教育”本身虽然过分强调所谓“艺术手段”而导致审美本身缺失，但其中所蕴含的审美原则却依然是美育原则的集中体现。我们要做的是将这种形式化的美育原则扩大为广义的美育育人理念。九江七中有着艺术教育的特色和传统，这是形成“尚美文化”的深厚文化底蕴。

第二，美育原则渗透到教育的全方位和全过程。美育的原则是按照美和审美意识、审美能力形成和发展的规律进行教育所必须遵循的基本要求和准则，主要包括形象性原则（即美是生动可感的）、情感性原则（即融合情感形成审美感受和审美判断）、活动性原则（即在活动中审美）、差异性原则（即因材施教）、创造性原则（即要富有想象力的创造性的感知、理解和创造美）。而学校分科教育是在人类知识不断积累以至于不得不设立专门机构，并分类别进行传授的基础上形成的。这种教育方式是必然的，但由于学校越来越封闭，所以与社会脱节；分科越来越细密，所以与真实生活经验脱节。在学校分科教育不能否定，又要避免其弊端的情况下，则必须在理论和实践中探讨如何走出这种教育的困境。最为现实的途径就是改变学校课程结构和教学方式，将教育中的核心观念——美育原则——渗透到教育的全方位和全过程。

基于以上所述教育理论，“尚美”文化可以理解为学校倡导师生以“美”为终极价值导向的一种精神文化引领。九江七中的“尚美文化”建设在理论上可以概括为：以学校艺术特色教育为基础，在教育教学工作中倡导“向美而行，乐在其中”的理念，坚持“以美促德，以美辅智，以美悦心，以美健体”，通过学校课程体系建设引导广大师生认识美、发现美、鉴赏美、崇尚美、践行美、创造美，不断完美自我，实现美好人生。由此，学校工作目标将着力聚焦六个“美”：美丽校园、美善德行、美妙课堂、美育特色、美健身体、美好一生。

（四）九江七中“尚美”文化的精神内核

学校文化是学校之魂。一所有优质文化的学校自然引人向上，催人奋进。然而七中尽管艺术特色在全省享有盛誉，但过去却没有形成一个能统领全校师生的学校文化。为此，九江七中组织有关人员反复查阅校史，并召开师生座谈会、校友座谈会、班子研讨会，分析历史，研判当下，放眼未来，听取意见，广开言路，形成共识，确定了学校文化主题。我们在对学校办学历史、现状和发展趋势深入挖掘的基础上，提炼出广大师生校友认同的以“尚美”为主题的学校文化。九江七中“尚美文化”是指以学校美育特色为切入点，引导广大师生认识美、发现美、鉴赏美、崇尚美、践行美、创造美，不断完美自我，实现美好人生。这个文化主题，既传承了学校以美育为特色的办学传统，肯定了过去及当前办学的成绩，又拓展了价值外延（从美育的小美走向美好的大美），明确了前行方向，师生们乐于接受。具体表达如下。

1. 办学理念。七中“尚美”文化的核心价值观是“各美其美，美美与共”。多元智能理论（Theory of Multiple Intelligences，简称MI理论）由美国教育学家和心理学家加德纳（H.Gardner）博士提出，它指出人类思维和认识的方式是多元的。教育的目的应该是让每一位学生都成为最好的自己，而不是别人的仿制品。七中学子，学习成绩好的值得肯定，会画画的、会唱歌的、会跳舞的、会体育的、会武术的也充分肯定，帮助他们发展，他们都可以成为优秀人才，尽享美好人生。

2. 教育理念。七中的人才观是“人人有才，人无全才，扬长避短，人人成才”。这关于人才的四句话据说是上海教育家吕型伟提出的，与多元智能理论有异曲同工之妙。2014 年 6 月，习近平总书记在谈到职业教育时曾指出的“人人皆可成才、人人尽展其才”，正是对教育人才培养的精妙论断。

七中的教育观是“重内涵发展，办优质教育”。教育的内涵发展就是坚持立德树人，坚持五育并举，坚持用教育规律办学。至于什么是优质教育，著名教育家魏书生先生曾用十六字概括，即“有教无类、因材施教、教学相长、寓教于乐”，有一定的道理。但七中人认为，优质教育就是让学生成长的相对空间最大化，就是让学生自由生长，成为最优秀最美好的自己。

七中的教学观是“课堂是学习的共同体”。日本当代教育家佐藤学有类似观点。教学的本质是学习，因此教师必须研究学生学习，课堂应关注学生学习，而不仅是教师的教学表演。之所以说是共同体，是针对过去过于强调教师“教”的提法，意思是教师和学生在课堂上应围绕学生的学习共同协作、共同努力、共同完成，努力打造具有七中特色的美妙课堂。

3. 办学目标。七中的办学目标是“办师生向往的美好教育”。对七中人而言，教师向往的“美好”教育是“校园优美，待遇体面，平台广阔，人尽其才，氛围民主，生动活泼，在工作中充分体验到尊重、成功、幸福和美好”。学生向往的“美好”教育是“校园优美，文化浓郁，课程优质，德育走心，因材施教，自由生长，促使学生成为最好的自己，为美好一生打下坚实基础”。

4. 育人目标。七中的育人目标是具有“美善德行、美盛心智、美健身体、美育特长”的新时代公民。要通过优质的教育让学生具有良好的综合素质，以及有效参与国家和社会公共生活的能力意识，成为具有追求美好生活能力的现代明达公民。

5. 一训三风。七中当前的一训三风内容如下。

校训：向美而行　乐在其中

校风：美益求美　尽善尽美

教风：循循善诱　玉成其美

学风：日知日新　释回增美

而2020年以前的七中一训三风却不是这样的，具体如下。

校训：日知日新，乐在其中

校风：乐学、从善、求真、创美

教风：如切如磋，如琢如磨

学风：博学、审问、慎思、明辨、笃行

一训三风是学校文化最为凝练的表现，最为广大师生关注。七中对学校一训三风进行调整，正是学校把“尚美”文化确立为学校文化之后的对应之策。比如七中过去的校训是“日知日新，乐在其中”，此校训虽好，但前半句七中特色不够鲜明。在综合各方意见的基础上，学校提出将“向美而行，乐在其中”作为新的校训。此校训既鲜明指出了学校价值取向，同时包含学校美术、音乐两门主要学科，以及七中的谐音，最重要的是与学校“尚美”文化相吻合，师生甚为喜爱。同理，学校对三风进行调整也是主动与“尚美”文化关联的结果。

6. 明确了学校工作目标。对应学校“尚美”文化内涵和目标，学校将工作目标进行了明确，具体聚焦在七个美——“美丽校园、美善德行、美茂课程、美妙课堂、美育特色、美健身体、美好一生”。一切工作都从美出发，往美处去，美美与共，美不胜收。

## 三、“尚美”课程文化及课程体系建设

课程是学校的核心竞争力，是解决培养什么人，怎样培养人，为谁培养人的问题。一所学校办学水平的高低很大程度体现在课程建设水平。林语堂曾说过：学校应如同一片森林，学生应犹如猴子一般，在其间自由跳跃，任意摘取各种营养丰富的坚果。因此，学校必须根据学生培养目标、学校文化和办学实际，以及教育发展态势，对学校课程进行新一轮建构和实施。在“尚美”文化的引领下，七中在课程改革方面迈出了有力步伐。

（一）九江七中“尚美”课程建设概况

1. 确立课程改革的目标

坚持“以美导真，以美求善，以美成特”的课改原则，通过三年努力，使学校课程形成一套具有鲜明“尚美”特色、适合学生身心和学力发展的多层次、多类别、内容丰富、形式新颖、可供选择、学生喜爱的完整体系，并逐步完善校本课程建设，为学生发展提供广阔的课程资源平台，促进学生向美而行，全面发展，提升学校办学质量，推动学校向高水平办学发展。

2. 明确课程改革的要求

“尚美”课程建设总的要求是让学生感知“课程之美”。除开展美育自身相关课程建设外，重点要加强学科融合，让美“无课不在”。中共中央办公厅、国务院办公厅《关于全面加强和改进新时代学校美育工作的意见》中指出，加强美育与德育、智育、体育、劳动教育相融合，充分挖掘和运用各学科蕴含的体现中华美育精神与民族审美特质的心灵美、礼乐美、语言美、行为美、科学美、秩序美、健康美、勤劳美、艺术美等丰富美育资源。有机整合相关学科的美育内容，推进课程教学、社会实践和校园文化

建设深度融合，大力开展以美育为主题的跨学科教育教学和课外校外实践活动。如在德育课程中要彰显德行之美善，在语文、英语、历史等文科课程中要突出其语言美，在数学、物理、化学等学科要发现科学美，在研学等课程中要着力寻找自然美，在体育、劳动等课程中要引导学生追求健康美、勤劳美等，让美的因子无课不在、无处不在、无时不在，时时刻刻熏陶浸染着莘莘学子。

3. 明确课程改革的类别

“尚美”课程共设六大类，具体要求是：必修课程校本化（校本化并不改变教材之内容，主要是根据我校高中艺术生文化基础相对薄弱的现状，对必修课程的教学难度适当降低，重点学习基础知识，使之学有所获，不至于畏难却步）、选修课程精品化、特色课程普适化（指面向全体学生开设的美育特色课程）、艺术课程专业化（指面向艺术高考方向学生开设的艺术课程）、德育课程系统化、社团课程多样化。

其中必修课分为分层课和模块课两种。分层课主要对数学、英语等考试学科，根据学力选择；模块课主要为非考试学科，以兴趣选择为主。

选修课程分为兴趣特长课、拓展补差课两种。兴趣课主要在初中开设，目的是挖掘培养学生多方面兴趣特长，拓展补差课主要在高中开设，目的是学科深入拓展和学科补差。

特色课程（指非专业艺术课）分为两种：一种为初中“9+1”课程，主要融合在艺术、德育、语文、英语、体育等必修学科之中完成，旨在培养学校毕业学生都拥有一定鉴美能力和艺术特长；另一种为高中美术校本课，对我校高中凡没有选择艺术专业方向的文化类学生，开设美术校本课，高一每周两节，高二每周四节。

艺术课程（指专业艺术课）分为美术课、音乐课、传媒课、表演课、舞蹈课、武术课六种，按高考专业方向要求开课。同时注重学生艺术基础的培养，所有艺术专业方向开设艺术研学课程，美术课开设美术欣赏，音乐课开设钢琴、合唱、音乐欣赏等基础课程。

德育课程根据“美善”德行的要求，结合学生年龄心理特征，分层分类开展各类德育活动，并形成课程。

社团课程根据学生兴趣爱好报名确定，每个社团安排一名教师进行指导。

（二）九江七中“尚美”课程实施路径

分层课主要面向初中数学、英语两科，学生根据学力走班教学，教师考核实行备课组捆绑考核与贡献率比较考核相结合的办法。高中实行滚动分班制，根据学生学力每两个月滚动一次。

模块课主要在非毕业班音乐、体育、美术、计算机课中分学期实施，课时在国家规定课时内消化。音乐课开设唱歌、器乐、形体、合唱、欣赏五类。体育课开设篮球、足球、排球、跆拳道四类。美术课开设素描、速写、剪纸、欣赏四类。计算机课开设信息技术基础、动画制作、编程创客三类。

兴趣课在初一、初二年级开设足球、排球、羽毛球、围棋、象棋、跳棋、舞蹈、合唱、剪纸、朗诵、英文阅读、英文影视欣赏、英文歌曲欣赏、机器人、写作鉴赏、课外生物、趣味数学、书法、剪纸、电脑制作、化学实验等课程，每周一节，课时在活动课课时内安排。

拓展补差课在高中高一、高二两个年级实施，每周一节，在活动课课时内安排。由教师开设相关课程，学生自由选择走班学习。

通过上述改革，可让学生的课程选择权最大化，同时能让教师在教学工作中较好坚持“因材施教”原则，使每个孩子成长的空间最大化，使每个孩子成为最“美好”的自己。

（三）开设“尚美”特色“9+1”课程

学校是实施全人教育的主阵地，如何在学校“尚美”文化的统领下，开发利用学校优质丰厚的美育资源，推进全人教育，解决学校“文化”“艺术”两张皮的问题，这既是“尚美”文化建设的重要内容，也是“尚美”文化引领学校工作的必然要求。因此，学校结合美育资源实际，提出开设“尚美”特色课程，对学校课程进行改革，其中最具特色、最为核心的是“九会一特长”课程（以下简称“9+1”课程），见图 1。“9+1” 课程是“尚美”课程改革中最生动亮丽的一笔，也是最能体现“尚美”文化因子的一笔。

“9+1”课程就是通过对学校音乐、美术、体育、语文、英语、综合实

『9+1』课程结构图

- 会唱一首民歌
- 会演奏一种乐器
- 会跳一支民族舞
- 会画一幅素描
- 会一种手工剪纸
- 会写一手好字
- 会一种语言的演讲
- 会一项体育项目
- 会做一项家务劳动

—— 使其中一项成为自己的特长

图 1 九江七中“9+1”课程培养目标结构图

践等课程进行改革组合，实现以下教育目标：所有学生会唱一首民歌、会跳一支民族舞、会演奏一种乐器、会画一幅素描、会写一手好字、会一项体育项目、会一种手工剪纸、会一种语言的演讲、会做一项家务劳动，并使其中一项成为自己的特长。

开设“9+1”课程的目的是通过集中相对多的课时给所有学生提供学习艺术技能的平台，从而伴随产生较深入的美感体验，增强对“尚美”文化的认同，达到提升学生综合素质的目的。比如集中一个学年，每周开设一节器乐课程，主要学习葫芦丝或是顺笛，因学时较长，学生至少能学会吹几首乐曲，让他们不但学会甚至爱上一种乐器，而且能提升对乐器、音乐

的认识，加深对情感和“美”的体验。

这样一来，不但会实现美育课程由过去面向“部分人”转变为“所有人”，由过去只有“高中”转变为“初高中全覆盖”，由过去“只牵涉到艺术高考科目” 转变为“多数科目乃至全部科目”的目标，也许还会实现教学目的由过去的“应试”转变为“素质提升”，学校由过去“美育特色”转变为“体验美好”的质的飞跃，等等。

1．“9+1”课程的开课策略

“9+1”课程目标虽好，操作起来却不容易。因为国家对每周课时有明确规定，在国家规定的课时内解决“9+1”课程的安排问题必须创新思维想办法。经过多方调研和探讨，七中“9+1”课程与国家必修课程的整合策略如下。

一是开设新课。根据市教育局“初一年级可开设 3 节地方与学校课程”的精神，学校在初一年级各开设了一节书法课、剪纸课、心理教育课。这样一来，“九会”中的“会写一手好字”“会一种手工剪纸”这“两会”就有了课程支撑。

二是整合老课。对学校初中音乐和美术课进行整合，具体安排见表 1。

**表 1　九江七中音乐与美术课程整合情况**

| 年级 | 整合前<br>音乐课开设 | 整合后<br>音乐课开设 | 整合前<br>美术课开设 | 整合后<br>美术课开设 |
|---|---|---|---|---|
| 初一 | 2 节音乐课 | 1 节音乐课<br>1 节舞蹈课 | 2 节美术课 | 1 节美术课<br>1 节素描课 |
| 初二 | 2 节音乐课 | 1 节音乐课<br>1 节器乐课 | 2 节美术课 | 1 节美术课<br>1 节速写课 |
| 初三 | 2 节音乐课 | 1 节音乐课<br>1 节合唱课 | 2 节美术课 | 1 节美术课<br>1 节色彩课 |

这样整合的目的是在兼顾音乐、美术两个学科基本教学内容的前提下，腾出每周一节课用于艺术专项教学，使学生艺术专项学习时间相对集中，学习效果相对深入，让学生学习有一定的收获感，并对其产生学习兴趣。如此一来，通过对音乐、美术两学科的课程整合，不但“九会”中的“会唱一首民歌”“会跳一支民族舞”“会演奏一种乐器”“会画一幅素描”等课的课程平台得到了较好的解决，而且有效提升了学生的艺术实践能力，为我校高中艺术班提前播下了种子，取得了育才和办学双丰收。

三是创新模式。为切实落实“9+1”课程中“会一项体育项目”的要求，学校对体育课的教学模式进行了改革，开设了“体育超市”，由学生自主选课，即对非毕业年级的体育课设立篮球、足球、排球、跆拳道四个模块，由学生自主选择模块学习。为了顺利开展模块教学，学校教务处将同年级的体育课相对集中，同时尽可能安排两节连堂，便于深入开展模块学习和训练。

四是分割课时。对于“9+1”课程中“会一种语言的演讲”所采取的课程融合办法是，我们要求所有语文课、英语课都把每节课 45 分钟的时间分割成 5+40 两个部分，前 5 分钟专门用于学生中文或英文演讲练习，后 40 分钟用于讲解常规教学内容。演讲从不命题演讲到命题演讲，从有准备演讲到即兴演讲，从一人演讲到多人对讲，从可以看稿演讲到脱稿演讲，逐步深入，层层递进，极大提高了学生语言表达能力，激发了学生对语言的学习兴趣，得到了师生的普遍好评。

五是家校共育。我们对“9+1”课程中的“会做一项家务劳动”采取的办法是家校共育，由家长拍摄学生劳动的视频和照片作为检查和评价依据。

六是定期考核。考核由教务处和“9+1”课程各任课教师负责。教务处在学生入学时给每位学生发放“9+1”课程电子评价单，任课老师在学科教授完毕后对学生单科进行评价，评价分“优秀”“良好”“合格”“不合格”四个等级，对评价为“不合格”的学生给予补考机会，直至考试合格为止。学生毕业前夕，要求评价单上至少在8个“合格”（作为“九会”考核要求）、1个“良好”成绩以上（作为“一特长”考核要求），否则原则上不得毕业。对没有1个“良好”成绩的，由学生自选项目补考，至达到“良好”级别方可。

通过上述举措，“9+1”课程全部较好纳入或融入了学校课程体系，为实现“九会一特长”目标打下了坚实的基础，上述举措也成为学校“尚美”文化的重要课程支撑。

2．“9+1”课程实施成效

2020年10月，为了解“9+1”课程开设效果，学校对初三年级部分班级（1、3、5三个班级）进行问卷调查，问卷共设24个选择题，共发放问卷156份，实际回收有效问卷152份，结果显示学生对学校“尚美”文化和“尚美”特色课程的知晓率为97%，对“9+1”课程喜爱度的比例为90.17%，认为“9+1”课程学校应该长期开设的比例为95.33%。

不仅如此，我们还惊喜地发现，通过两年多的“9+1”课程实践，学生艺术素养和综合素质得到大幅提升。学生在学校里更加儒雅大方，彬彬有礼，学习风气日益浓厚，中高考成绩逐步攀升，艺术活动也多次在省级获得一等奖，并突破性地获得了多项非艺术类的国家级荣誉，这在以前从未有过。例如，“2019纳英特机器人比赛全国冠军”“全国军事课教学展示－国防军事（体育）项目一等奖”等奖项，“全国中小学国防教育示范学校”“全国青少年校园篮球特色学校”等荣誉，陈可昕同学被授予“全国优秀共青团员”等。

（四）开设“尚美”国际课程

人类是休戚与共的命运共同体，我们的下一代要有所作为，就必须拥有全球眼光，必须拥有大的格局，必须接受国际教育。因此，七中非常重视并着力开设了“尚美”国际课程。一是根据学生需要开设了日语等第二外语课程，目前全校选修日语的学生达到200人；二是每年定期组织召开国际交流日活动，通过活动让广大学子观察世界，了解世界，融入世界；三是组织国际结对子学校相互交流活动，目前，到我校参与交流的外国学校和团体有西班牙国家大学、意大利圣马丁教育集团、加拿大安大略国际学校、新西兰新中友协、泰国博仁大学、白俄罗斯莫吉廖夫苦列大学、韩国湖南大学，以及塞尔维亚、芬兰卡亚尼市、俄罗斯雅罗斯拉夫尔市等国家、城市的有关学校，我校师生也应邀到芬兰、泰国等国家的学校进行交流，师生们通过交流增强了文化自信，展现了亮丽风采。正是因为国际课程丰富多彩，打开了学生们的视野，每年我校都有多位同学出国留学。如2018年就有近十位同学到韩国湖南大学、香港岭南大学留学，或通过上海外国语大学、深圳大学、西南大学、大连艺术学院等学校进入国外名校交流学习。

## 四、“尚美”课堂评价标准及课堂教学改革

### （一）大力建设九江七中“美妙课堂”

九江七中《教师手册》中曾有“一堂好课”的标准，主要从“目标意识明确、课堂教学基本功扎实、内容安排合理、准确使用术语、努力改进教法、夯实基础与培养能力的统一实现、教学效果良好”等方面对教师的课堂教学进行评价，但总的看来，其立足点和落脚点主要还是教师的“教”，不是学生的“学”，也就是主要评价的是教师教得好不好，而不是学生学得好不好。事实上，课堂不是教师展示的舞台，而是学生学习成长的舞台，要建设“美妙课堂”，必须眼中有学生，重点关注学习。

为此，在学校“尚美”文化的精神统领下，我们提出全校要集中精力建设深受学生欢迎的“美妙课堂”，七中的“美妙课堂”可以表述为：课堂教学中充分发挥教师的引领作用，努力激发学生自主学习积极性，聚焦于学生的“学”，通过多种学生喜闻乐见且富有实效的学习方式，使学生在课堂学习中“学会了”“学得快”“学得快乐”，让课堂成为师生成长、进步，享

受“教”与“学”的成就感和幸福感的美妙舞台。

为了促使学校教师特别是青年教师尽快成为“美妙课堂”的主导者，我们立足于学生的“学”，编写了九江七中“美妙课堂”的样态框架图（见图 2），并将其悬挂在教师办公室内，试图强化对教师的影响，改变课堂的形态。其具体内容如下。

课前根据需要检视上节课学习内容，语文、英语课开展课前演讲等活动，然后是：

1. 导入新颖，吸引学生学习；

2. 问题推动，激励学生学习（问题是课堂流畅行进的最大动力）；

3. 先学后教，调动学生学习；

4. 精练讲授，放手学生学习（教师一节课主讲时间最大限度不超过 20 分钟）；

5. 当堂训练，聚焦学生学习；

6. 师生互动，关注学生学习（教师提问或与学生交流每节课不少于 10 位学生）；

7. 多样学习，提效学生学习（尽可能采取多种学习方式：个人学、小组合作、实验、表演、学生讲解等）；

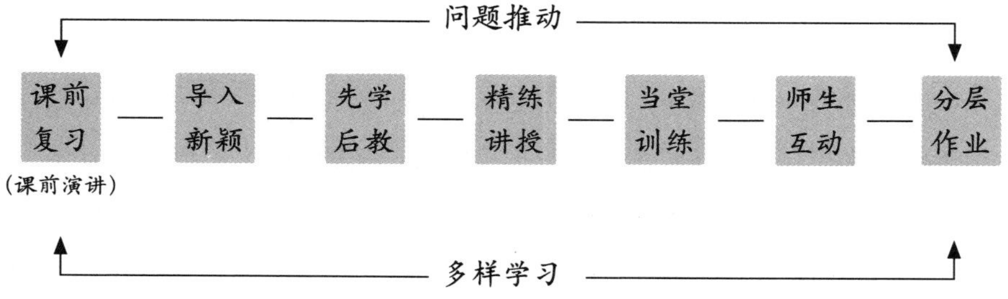


图 2 九江七中“美妙课堂”样态框架

8. 分层作业，适合学生学习。

（二）开设艺术生考前“脱颖集训营”

我校高中主要以培养艺术生为主，历来对高中艺术专业教学高度重视。近几年来，艺术类社会机构的盛行，对学校课堂教学影响越来越大。每到高二下学期，在校外艺术教培机构的鼓动下，不少艺术类学生纷纷找各种理由去校外培训，造成校内课堂人员不完整，课堂氛围不浓厚，教学效果不理想，学校管理不顺畅。更糟糕的是，外出培训的学生往往在校外机构的引导下，只顾专业学习，文化学习大都无法保障，造成“拐脚马”现象，导致最后高考失利。

为了切实提高课堂教学质量，吸引学生留在校内，破解“拐脚马”难题，我们在艺术专业考前实行了“脱颖”集训营尝试，取得了良好效果。具体措施体现在四个“新”：一是建设新场所，我们对教学楼六楼进行了改造，将其改造成一个现代化的艺术集训营地，营地可分可合，可大可小，并进行了艺术风格装饰，使之充满艺术吸引力；二是添置新设备，我们按照最新艺术高考集训要求添置了电子投屏、摄像机、话筒、音响等，便于集训教学；三是聘请新导师，校外机构吸引力大的原因是有名师，为了提高教学质量，我们想方设法在杭州聘请了三位国家级名师进入我校进行专业指导，极大地提高了集训营的号召力；四是管理实行新模式，适当借鉴学生喜欢的校外培训模式，在管理上予以改变，比如给每位营员配备营服、定期开展校外团建、外出研学、参与全省专业模拟联考等，受到了学生们的普遍欢迎。随着“脱颖”集训营的开展，学校教学管理失控的现象得到了较好缓解，绝大多数艺考生考前都安心在学校备考复习，文化、专业两不误，并在近两年的高考中取得了令人信服的好成绩。

## 五、“尚美”德育文化及活动开展

七中人认为“尚美”文化的核心是美德，德行在学生的诸多素养中起到至关重要的作用。一直以来，我们对德育的认识就是“健康＞德行＞分数”，在身心健康的基础上，有好的德行，分数才有意义。德育是教育质量中最核心的要素，因此抓德育就是抓教育质量；好的德育有利于形成良好的学习习惯和学习动因，有好的德行有利于促成好的分数。因此抓德育才会有教学质量。

德育管理有自身的规律，大体可以概括为：入口是规范、关键是细节、终极是习惯、核心是善良。同时，德育又有着其他教育内容不同的特性，概括起来就是三个“没有”，“没有活动就没有德育，没有创新就没有德育，没有体验就没有德育”，因此，在德育过程中，要想取得好的效果，必须善于活动搭台，善于创新方式，善于入脑走心。

思想这块田，不长庄稼就长草。为使 “美善”扎根学生心田，长时期内，九江七中抓住契机、抢抓先机、不失时机地抢占学生思想阵地，使之培养的学生能基本具备新时期要求的美善德行品质。学校具体从三个方面予以发力。

1. 加强三项管理保规范，做到行为美。三项管理，即“行为规范、手机管理、中午静校”。良好的行为规范是学校顺利开展教育教学工作的前提，鉴于九江七中生源录取分数不高、学习习惯不佳的实际情况，对学生开展行为规范教育则显得越发重要。因此，九江七中每年除了利用新生入学教育周、军训、行政值周管理、开设德育加强班等方式对学生行为、仪容仪表进行规范教育，还把每学期开学第一个月作为“学生行为规范教育月”，每次都确定一个目标，从严从实抓好落实，在实践中取得良好效果。随着手机的日益普及，学生使用手机给学校管理和学生发展带来了诸多不利影响。为保护学生视力，让学生专心学习，促进学生身心健康发展，教育部办公厅于 2021 年 1 月下发了《关于加强中小学生手机管理工作的通知》（教基厅函〔2021〕3 号）文件，对学生使用手机进行规范。九江七中在办学过程中，较为敏感地发现了手机进校园带来的弊端，并早在 2018 年就在全校开展“亲近书本，远离手机”教育活动，提倡学生不携带智能手机进入校园，并建立了学生在学校违规使用智能手机处理相关制度，有效优化了学校教学管理，得到广大家长的肯定。为了避免学生在午休期间过度玩耍，影响下午学习，我们把每天中午 1 点至 2 点作为全校静校休息时间，教师进入班级与学生一起午休。这样，既使校园中午宁静有序，又保障了学生下午有充沛的学习精力。

2. 突出三个重点促提升，做到心灵美。三个重点，即“家校合作、心理教育、职业规划”。没有家庭教育介入的教育是不完整的教育。《科尔曼报告》（1966，也叫《教育机会均等报告》）指出：社会经济发展到一定阶段后，学校在儿童学业成功方面的作用并非人们想象的那么大，而家庭及其同伴的影响才是决定儿童学业成就的关键因素。《科尔曼报告》是当代家庭教育强势回归的标志性事件！ 苏霍姆林斯基也曾说过，“若只有学校而没有家庭，或只有家庭而没有学校，都不能单独地承担起塑造人的细致、复杂的任务”。近年来，九江七中高度重视家校合作工作，建立健全家庭教育工作机制，统筹家长委员会、家长学校、家长会、“百名教师访千家”、家长开放日、家长接待日等各种家校沟通渠道，帮助家长提高家庭教育水平，同时加强与家长沟通，了解学生学习生活情况，共同做好学生教育指导工作，形成家校合力。

长时期内，青少年的心理问题时有发生，引起全社会高度关注，特别是在全球疫情背景下，加强学生的心理教育显得异常重要，甚至有人说，学校心理教育可以被称为“五育”并举之后的第六“育”。为此，七中采取了多种措施加强学校的心理教育：一是提前摸排，每年秋季开学由心理教师对所有入校新生进行专业心理摸底排查，并登记造册，对摸排发现有异常情况的及时报告给相关班主任，情况严重的约谈家长，建议予以专业治疗；二是开设课程，学校在初、高中起始年级开设了心理课程，成立了心理活动社团，安排专职教师进行团辅，定期分年级对学生开展心理讲座，强化课堂主阵地在心理教育中的位置；三是专业引路，做好学生心理教育的关键在教师，对学校全体教师进行心理专业培训辅导至关重要，学校除定期对教师进行心理专业辅导外，对中学各年龄层次学生心理常见问题进行了分析、列举，并明确了相应策略，悬挂在每个教师办公室，时刻提醒着

**表 2 初二年级学生身心特征、常见问题及对策**

| | |
|---|---|
| **身心特征（初二年级）** | 1. 此阶段孩子已经进入青春期，不管是男生还是女生身体都发生了许多引人注目的变化。<br>2. 学生表面上什么都不在乎，实际上从众心理很重，既想标新立异，又担心脱离集体。于是有的学生出现了紧张、焦虑、自卑等不健康心理，心理发展与生理发展出现严重的不平衡，导致了程度不同的对抗情绪，以及逃避、说谎、破坏、暴力等不良行为的出现。<br>3. 独立性有较大的发展，自尊心增强。 |
| **常见问题** | 1. 青春期心理问题。2. 紧张、焦虑、自卑等不健康心理。3. 逆反心理增强。 |
| **应对策略** | 1. 青春期性成熟带来的好奇心和探究欲，促进青少年性意识的发展，怎样去认识爱情、处理对异性的好感需要正确引导。<br>2. 重视与学生的沟通，初二的学生进入了青春期，比较逆反，和老师家长的交流逐渐变少，对一味地说教非常抵制，所以这段时间一定要多和孩子进行沟通，随时了解孩子的心理变化，及时给孩子需要的心理疏导和正确观念的引导，这样才能保证孩子在健康的心理轨道上发展。 |

教师（见表 2）；四是防微杜渐，在各班设立了心理委员，及时了解同学心理动态，有针对性做好跟踪引导工作；五是更新设备，学校新建了九江市一流的心理咨询室，设有接待室、放松室、沙盘室、宣泄室、团辅室等完整功能房，配备了现代化专业设备，安排了 2 名专职心理教师定期指导；六是广引外援，为了使学校心理工作更加专业、有效，我校还与九江学院教育学院签订了心理教育合作协议，利用高校资源做好心理教育工作，该院每学期选派博士教授来校进行专业指导。同时，我校还与九江市最有名的"秦妈妈心理工作室"保持合作关系，秦妈妈原是九江学院附属医院的主任医生，主攻心理学，有着丰富的临床经验，我们遇到特殊难题，就请既有心理学资质又有医学资质的秦妈妈出面解决，不少学生从中获益。

2021 年江西省实行新高考，高中学生选课走班成为必然。如何让学生了解自我，明确定位，规划好自己的职业人生是高考顺利实行"3+1+2"选课改革的前提。为此，我校在高一开设了职业生涯规划课，帮助学生认识自我，找准方向，树立信心，同时利用寒暑假组织学生参与职业实践，增强职业体验，通过职业体验再次反观自己的职业规划，根据实际进行确立或调整。

3. 聚焦三大目标争优质，做到德行美。三大目标，即"德育课程化、学生自治化、德行美善化"。德育不是娱乐休闲，它有明确的方向；德育不是饭后散步，它有系统的体系；德育不是一时一事，它体现在时时处处。九江七中德育以"尚美"为主题，以"美善"为目标，针对不同年龄段学生特点，设置了不同内容、不同层次的课程体系（见表 3），形成制度和文化品牌，通过走班满足了不同学生的个性发展需求。同时，九江七中每年开展了体育节、艺术节、科技节、读书节、迎新会、社团展示、军训、外出研学等丰富的德育活动，广大学生参与其中，学在其中，乐在其中。

学校实行学生自治既是德育的手段，又是德育的目的，不但可以起到锻炼发展学生品性才能的作用，还极大程度减轻了教师负担，提高教育效

**表 3　德育课程主题安排**

| 月份 | 周次 | 活动主题 | 初一 | 初二 | 初三 |
| --- | --- | --- | --- | --- | --- |
| 三月 | 1 | 学习榜样 | 学习雷锋好榜样 | 学习时代先锋 | 学习身边优秀团员 |
| | 2 | 法治教育 | 法律常识要了解 | 青春自护 | 如何看待校园欺凌 |
| 四月 | 1 | 经典有约 | 汉字听写大赛 | 中华好诗词 | 好书共分享 |
| | 2 | 心理健康 | 健康的概念 | 青春的困惑 | 减压的好方法 |
| 五月 | 1 | 团队关爱 | 集体的力量 | 青春奠基仪式 | 珍惜团队的温暖 |
| | 2 | 自立自主 | 我为自主管理献一策 | 自主学习的诀窍 | 我自主我能行 |
| | 3 | 热爱科学 | 争做创新好队员 | 争做科技小能手 | 我们爱科学 |
| 六月 | 1 | 禁毒教育 | 毒品的危害 | 拒绝毒品　珍爱生命 | 请不要任性和好奇 |
| | 2 | 信仰启蒙 | 学党史，知党情 | 走访党的光荣足迹 | 少先队离队仪式 |

率。学生自治可以多层面实施，既可以分为校级、年级、班级层面实施，也可在团委学生会、社团组织实施。学校教师要对学生进行自治前和过程中的精心指导，同时也要大胆放手，给学生自我管理、自我成长的平台。总之，学校就是要通过学生自治让学生做自己能做的事，乃至学会还不会做的事。七中德馨楼大厅主立面上赫然写着“学校的主人是学生”，无时

无刻不在提醒着老师找准自己在学校的位置，必须充分赋予学生发展的权利。为此，七中大力鼓励学生管理自治，学校升旗活动、两操评比、团队活动、爱书吧、校园电视台、广播站、社团、食堂质量监督评比、校园文明岗等均由学生负责，除幕后指导外，教师被要求“非必要不出现”，把学校的舞台、资源全部交给学生，让学生在自我管理中不断得到锻炼和提高，最终实现美善德行的终极目标。

## 六、“尚美”校园文化建设

学校“尚美”文化一经确立，即成为学校的精神统领。学校的各项工作均主动与之关联，向“尚美”这个主题靠拢，最终达到融合境界。

1．打造美丽校园。尚美的学校必须有美的气质。九江七中以打造“全市最美最有艺术气质的园林校园”为目标，精心规划，用心实施，努力让一草一木一水一石都成为美的使者，成为教育资源。步入七中校园，就走进了“美”的世界。小桥流水亭阁，茂林修竹鲜花，艺术雕塑引人注目，丹青园书画令人驻足，整个校园绿荫满园，百花争艳，四季常绿。新落成的尚美广场，竹柳摇青，波漪漾素，升级后的锦绣园古木参天，清静幽雅。学校既是花园，也是植物园，更是学生成长成才的乐园。

2．构建多美“廊道”。学校紧紧围绕“尚美”这一主题，结合学校整体设计，精心打造“廊道文化”，力求处处亲近美，时时遇见美，让廊道变成美的世界，成为美的导引。学校丹青园、学生书吧、艺馨楼、德馨楼外墙经常展示学生的绘画作品，教室廊道上的班主任寄语、网格化管理细则、精彩纷呈的班级照片、激人奋进的至理名言等，无不体现出了一种浓郁、赏心的艺术氛围。通过对相关设施的精心布置，学校的廊道文化和学校文化有机融合，营造出一个特定的育人情境，学生置身其中，得到美的享受，心灵受到洗礼。

3．外出研学探美。自然之美鬼斧神工，赏之令人畅怀怡情，眼界大开。

因此，引导学生尚美向善，要大力开好研学课。九江七中在婺源、庐山、文博园、庐山西海、武汉大学、南京艺术学院、景德镇等建立了“尚美”实践基地，每年定期组织学生研学采风，开阔眼界，增长知识，丰富阅历，常年坚持。由于富有实效，2017年，七中在“江西省中小学红色、绿色和古色文化教育优秀研学旅行活动案例评比”中被评为全省高中组一等奖。

4. 营造尚美氛围。艺术发展需要丰厚的土壤。九江七中着力在校园培育浓郁的艺术氛围，实现了“每月大活动，每周小活动”的良好机制，一是开设“日新讲坛”，邀请中国美术学院、武汉音乐学院、华南理工大学、江西师范大学等名校教授定期出席学校“日新讲坛”，与众不同的是，这个讲坛主讲人不仅有“专家”，还有“同事”，“日新讲坛”也会请本校老师，为本校教师搭建展示自我、提升教师职业修养的平台；二是搭建校友论坛，充分利用学校艺术专业优质校友的资源，鼓励优秀校友回校为师弟师妹开展公益讲座和演出，从实践情况看，校友们反映热烈，参与多多，如省青年歌唱家协会“青歌飞扬”、演奏家吴笈长笛音乐会、北京刘欢教授“音乐治疗法”讲座等陆续走进七中音乐厅；三是发挥基地效益，学校是厦门大学、华南理工大学等高校的艺术教育基地，也是九江市音乐家协会活动基地，学校充分利用基地牌子，吸引各类活动到校开展，如百人小提琴合奏、九江合唱交流音乐会、民歌漫谈等；四是吸引公益演出，江西省金钟奖钢琴大赛、九江职业大学声乐教师谢潇独唱音乐会、旅德音乐家易艺钢琴独奏音乐会、高雅艺术进校园“长征组歌”等纷纷莅临七中；五是书画展览，学校丹青园和书画展厅每月定期组织书画笔会，展示书画家和师生作品，师生足不出校就能感受到四溢的艺术芬芳。

5. 鼓励师生“创”美。学校“尚美”文化建设的一个基本理念就是基于师生，就是鼓励师生参与学校的文化建设，因为只有师生参与建设的文化才是真正的学校文化。学校经常通过全校师生大讨论，凝聚众人智慧，大力开展楼宇、道路、园林景观的命名等工作，把文化的种子根植于师生心中。通过长期坚持，学校处处洋溢着“美”的因子，留下了师生的印记，激励着师生向美而行。如三幢教学办公楼“文馨楼”“艺馨楼”“德馨楼”均为教师命名，并请学校书法老师书写后制作悬挂；学校北门校名由73届校友邱璞撰写而成；尚美广场也有了冷冰老师撰写的“尚美广场记”和范晓健老师撰写的“尚美”二字，并由教师自愿拍摄成为微视频；德馨楼大厅中“学校的主人是学生”8个字及梦想舞台的“梦想有多大，舞台就有多大”11个背景字全部由学生书写完成；艺馨楼大厅标语也由教师撰写而成……我们有理由相信，参与了学校文化建设的师生对学校乃至学校文化的理解和情感，以及他们行走在校园时的心态是不同的，因为他们已经成为学校文化的一部分。

6. 制度引导“尚美”。学校围绕“尚美”文化，坚持以师生的发展为本，不断优化完善管理制度，用文化潜移默化地影响和改变着人，构建幸福校园。如对学校重大事项采用民主商议的形式，对学生教育管理利用家校“互动制”模式，对教师坐班采取弹性制，对干部管理采取目标化考核方式等，促使广大师生形成良好的行为习惯、健康文明的生活方式、高尚的道德情操和积极向上的精神风貌。

## 七、“尚美”教师队伍建设

教师是教育之本。习近平总书记强调“一个人遇到好老师是人生的幸运，一个学校拥有好老师是学校的光荣，一个民族源源不断涌现出一批又一批好老师则是民族的希望”。九江七中在建设“尚美”文化过程中，高度重视“尚美”教师队伍建设，因为七中人有个朴素的认识，即“一个好老师就是一门好课程，一个好班主任就是一个好班级，一批好老师就是一个好学校”。

1. 持之以恒紧抓专业成长。一是送出去学，每年安排50名班主任和青年骨干教师到异地师范大学集中培训一周（近几年分别去了华中师范大学、四川师范大学、湖南师范大学、东北师范大学等)，今年暑期安排50位骨干教师赴北京十一学校学习，定期安排艺术教师赴外地采风和集中研修，组织全校美术教师参加了市局组织为期一周的厦门大学美术教师培训班，定期参与闽浙赣三省美术特色十五校联盟交流活动，大批量多人次组织中层干部、教研组长、年级组长到杭州、深圳、福建、泰国博仁大学等名校参观交流；二是请进来教，每年请中国美术学院（简称“中国美院”）、武汉音乐学院（简称“武汉音院”）、厦门大学等名校教授到我校驻校半月以上对教师进行指导，校日新讲坛开讲20余次；三是研修中磨，大力开展了以课堂教学要素为主题的系列教师校本研修活动，七中教师称之为教师课堂，全校教师参与，每个学期一个主题，如第一次的研修主题是“教学导入”，第二次的主题是“教学设问”；四是交流中悟，为了帮助学校愿学习、想发展的教师搭建成长平台，七中成立“狂奔的蜗牛”跨学科教师发展社团，社团的宗旨是致力于教育研究，致力于自我发展，致力于成为良师，成立的目的是让老师们“心灵上相互温暖，业务上取长补短，工作上形成引领”，社团由教师们自发报名组成，每月集中活动1～2次，活动形式包括机构培训、专家引领、外出交流、小组合作等，活动内容由成员自主选题，包括读书交流、课题研究、主题沙龙等教师们关心的、困惑的所有问题都在社团活动讨论范围之内。目前，学校已邀请九江一中副校长周明学、同文中学副校长周凌、九江学院教授曹欢荣等专家讲学，并参与“非暴力沟通”交流学习等活动，团员们受益良多；五是评议中改。积极开展师德师风教育活动，每年开展师德师风自我剖析会，在自我评议中刀刃向内、反思自我、找准不足、改进工作。同时，在教师中开展阅读分享以及“我的好同事”“我工作中的高光时刻”演讲活动，在学生中开展“我心目中的好老师”演讲活动，全体教师聆听，通过读书、交流，走入心灵，触动灵魂，优化师德。

2. 不拘一格引进柔性人才。九江七中作为艺术特色学校，尽管在职艺术教师数量不少，但与艺术教育多元的教学需求相比仍有缺口，特别是随着“9+1”课程逐步实施，艺术教师数量严重不足的问题也接踵而来。如何解决好这个问题？七中采取引进校外柔性人才作为美育教师补充，但求所用，不求所有。那么什么是柔性人才引进呢？柔性引进是指打破国籍、户籍、地域、身份、档案、人事关系等人才流动中的刚性制约，在不改变和影响人才与所属单位人事关系的前提下，适应市场经济和人才社会化发展要求的政府引进、市场调节、契约管理的非本地户籍人才的人才引进方式。引进对象一般是急需的、紧缺的具有研究生以上学历或是高级以上职称的专业技术人才和管理人才。柔性引进的方式一般包括智力引进、智力借入、业余兼职、人才创业、人才派遣等多种途径。目前，七中共引进柔性人才 30 余人，其中外教 2 人，高校教师 12 人，城区自由职业艺术家 10 人，九江学院艺术学院本科实习生 8 人，较好地解决了美育师资数量不足和对高素质教师需求的问题。具体做法如下：一是引进高校教师解决高水平师资需求问题。我校利用诸多名校艺术教育基地优势，聘请了武汉音乐学院、江西师范大学、九江学院的教授担任艺术指导，他们一般利用周末来校上课辅导，由学校支付辅导费用，较好地解决了学生对高水平师资需求的问题。二是引进城区艺术家解决专业种类缺乏问题。与市音乐家协会协调，聘请市区多名自由职业青年演奏家担任器乐教学，成功解决了多种类器乐教学问题。如我校聘请了九江市著名的青年笛子演奏家吴迪，他曾担任中央民族乐团笛子首席，功底深厚，其教学受到了学生的普遍欢迎。由于柔性人才众多，我校每年迎新生音乐会在本校音乐教师和引进的柔性人才共同参与下，质量上乘，曲目丰富，精彩纷呈。三是引进实习生解决艺术教师数量不足问题。针对美术教师数量不足的问题，我校与九江学院教务处联系并达成合作意向，即九江学院每年 9 月选派 20 余名本科生来我校实习，实习时间为 4 个月，其中优先考虑安排美术学科毕业生，如今年安排了 8 名美术学科毕业生到我校实习，实习期间担任美术学科助教，由学校在编主教教师担任指导教师，同时帮助主教教师开展教学辅导。四是开设日新讲坛解决专业视野不宽的问题。我校创办了“日新讲坛”，定期邀请艺术名家来校开坛讲座和进行艺术表演，开阔学生专业视野。目前讲坛开讲22次，中国美术学院柳江修教授、华南理工大学艺术学院院长梁军、湖南师范大学音乐学院教授郭声健、留德声乐博士王荇荇、长笛演奏家吴笈等专家纷纷来校传经授道。南昌科技师范学院交响乐队之《长征组歌》高雅艺术进校园、省青年歌唱家协会“青歌飞扬”、市政协美术家联谊会走进七中等活动丰富多彩，师生足不出校就能感受到四溢的艺术芬芳。

3. 坚定不移发挥辐射作用。作为全省的艺术教育样本校，发挥我校艺术教师的辐射作用义不容辞。近年来，我校积极组织艺术教师赴农村地区支教，到兄弟学校帮教，到市、区老年大学任教，组织艺术团赴部队慰问演出，积极承办全市美育教科研和教师培训任务，支持老师去外地外校讲学，如美术教师黄苏应邀在全国校长论坛（成都七中）做现场教学展示、语文组组长冷冰老师应邀赴深圳市福永中学讲学等。由于我校名师众多，特别是艺术类名师在全市首屈一指，我校按照省教育厅、市教育局安排，开设了1个省级“名师工作室”，2个市级“名师工作室”，带动全市更多艺术教师成为艺术名师。

4. 千方百计关心爱护人才。教育的关键在教师。考虑到只有幸福的教师才能教出幸福的学生，七中高度重视学校教师待遇提升，从多个方面关心关爱教师，提高教师工作生活的幸福度。一是切实提高教师福利待遇，学校通过多方面筹措资金给教师发放奖励性绩效工资，使教师待遇得到较大提升，极大提升了教师的幸福指数；二是发放高层次人才特殊津贴，给全日制研究生毕业的教师每人每月发放200元人才津贴，发放时间从入校至32岁止；三是设立青年教师专项奖，充分调动青年教师积极性，规定学校评优评先青年教师比例不得低于35%，同时专门设立十大优秀青年教师奖，对青年教师予以鼓励；四是不断优化教师办公条件，学校办公场所改造，优先安排教师办公室，为老师办公室配备冰箱、微波炉、躺椅等，给教师办公尽可能提供便利；五是帮助教师解决后顾之忧，每个教师背后都有一个家庭，每个家庭都有这样或那样的困难，为了让教师安心工作，学校对教师家庭存在的困难都想方设法予以解决，比如教师孩子入学困难，学校校长亲自出面予以协调落实；实施幸福早餐、阳光午餐、温馨晚餐制度，让教师们工作日期间吃饭问题得到有效解决；学校今年引进了一位“985”大学研究生，因入编手续尚未办完，工资未能到位，但其在外租房居住每月1500元，经济压力巨大，学校得知后全部予以解决；在保障教师每年常规体检基础上，允许45岁以上的教师每五年做一次免费无痛肠镜胃镜，防疾病于未然。由于学校全力以赴全心全意地关心关爱教师，学校教师幸福感不断增强，教师工作积极性得到充分激发，老师们也有更多的精力用于教育教学，近年来，学校涌现出了2021九江市十大教书育人楷模张明星，特级教师金燕群、王军等一大批全市知名的优秀教师。特别值得一提的是，尽管九江七中是一所发展中的学校，但教师队伍极其稳定，五年来学校教师系统内实现零流出。

## 八、九江七中“尚美”文化建设的得与失

### （一）反思

我们认同“美”是教育的终极价值，也是教育的终极目标这一教育观念。通过“尚美”文化建设，我们认为只有通过美育才能形成和谐的人性和健全的人格。在当前推进素质教育改革的大潮流中，这一认识无疑有利于改变一些关于素质教育认识的误区。有人认为，推行素质教育就是开设一些艺术类课程，或者推动某些功利化的特长培养，这当然不是国家推行素质教育的初衷。只有把美育放在教育的核心位置，才能真正让受教育者拥有自由的心灵、健全的人格和幸福的人生。九江七中的“尚美”文化建

设对于学校教育在观念上的转变具有一定的启示意义。

正是基于以上教育观念上的转变，九江七中充分利用本校的艺术教育传统和特色，开展“尚美”文化建设。这一研究和探索主要通过校园文化凝练和课程改革两个途径将“尚美”文化深植入育人的全过程和全方位，形成了浓厚的“尚美”文化氛围，创新了“9+1”特色课程，从而真正大力推动了从应试教育到素质教育的转变，实践了追求美育的精神实质，那就是提升受教育者的美学趣味和教育本身的审美境界。

（二）成效

通过实践探索我们发现，普通中学特别是艺术特色普通中学的“尚美”文化建设中“9+1”课程效果明显，对推进学校文化建设、完善学生综合素养、促进学生全人发展有着良好成效，具体体现如下。

1．“9+1”课程成为“尚美”文化建设的重要抓手，可以作为普通中学特别是艺术特色学校课程改革的路径参考，为全人教育助力。

学校文化建设大体务虚，如何用务实的课程抓手建设务虚的学校文化，并做到过程可规划、可操作、可考核，这是“9+1”课程产生的背景。“9+1”课程是在普通中学国家规定课时内，对音乐、体育、美术、语文、英语、综合实践等课程进行整合，利用整合后相对集中的学习时间，较深入地学习 9 项技能，并从中发现学生的闪光点，将其培养成个人特长。它的特点就是深度学习，相对原课程有课时集中、教授较深、学生获得感较强、有利于激发学生学习兴趣、发现和培养学生对艺术的爱好，并深化对“美”的认知的明显优势。

例如，学生音乐课每周只上一节“葫芦丝”课，而下周的下一节课又改学唱歌或是其他课程，这样学习深度不够，蜻蜓点水，浅尝辄止，学习效果也就不会太好，学生对葫芦丝的兴趣也不会太大，但如果连续上一个学年，每周一节的葫芦丝课，学生对葫芦丝这个乐器就会比较了解，能吹不少曲子，有的会因此爱上葫芦丝、爱上音乐，甚至会将其发展成为终身爱好和习惯。对于学生来说，这种音乐的美感体验，十分独特和宝贵，会对孩子的艺术素养、心理状态乃至审美观和价值观产生积极影响，值得充分珍惜！

习近平总书记在全国教育大会上的重要讲话中指出："美是纯洁道德、丰富精神的重要源泉。"通过"9+1"课程的实施，我校在校生对美育、体育、劳育的了解更加深入，普遍掌握一项自己爱好的特长，升华了对"美"的认识，亲近了与"美"的距离，浓厚了尚"美"的氛围，为下一步全人发展打下扎实的文化基础。

总的看来，"9+1"课程是在原课程体系上的一种创新，是国家课程在学校的校本化，它既是艺术专业的教育，也是人格培养和德育教育，它既贯彻了尚美文化中"向美"的育人理念，也是尚美文化的具体抓手、体现和成果。鉴于"9+1"课程操作简便，可多可少，朗朗上口，便于实施，可推荐作为普通中学特别是艺术特色方向的学校文化建设的抓手参考。

2．"尚美"文化得到全校师生认同并成为共同价值追求

通过实践和研究我们发现，立足于七中办学的历史、现状与未来，通过广泛调研、征求意见，提炼形成并逐步完善的符合七中特点的"尚美"文化，因其本身独特的七中气质，加上学校各项工作的主动关联与融合，"9+1"课程等系列课改工作的推动，正逐渐被广大师生、校友认同，并成为行为的准则、前行的方向。

一是学校获奖多多。2018年以来，在"尚美"文化的引领下，学校崇真尚美之风日浓，全人教育发展提速，教育质量大幅提升，九江七中获得多项荣誉，特别是获得了多项过去从未获得的国家级奖项及荣誉："2019纳英特机器人比赛全国冠军""教育部军事课教学展示——国防军事（体育）项目一等奖""全国中小学国防教育示范学校""全国青少年校园篮球特色学校"，陈可昕同学被授予全国优秀共青团员等。

二是教育质量提升。我们还发现，随着"尚美"文化建设落地生根开

花，它对学校教育教学工作也起到积极推动作用，教师工作积极性得到充分激发，学生学习积极性空前提高，学习效果明显改善。近年来，我校连续获得“九江市高中教学管理优胜单位”荣誉称号。

三是校园更加美好。通过“尚美”文化建设，学校校园越发美丽，颇有些苏州园林风味，师生流连其间，乐在其中。师生关系也更加融洽，学校氛围更加和谐，过去不少调皮的孩子逐渐文明起来，过去说要55岁退休的高级女教师多数向学校提出申请，要求干到60岁退休，目的是能多在学校呆上几年。按照一位女老师的说法，“现在上班有味道”。

四是学校发展进位。通过“尚美”文化建设的大力推进，学校实现了由美育特色向追求美好的转变，同时也实现了学校特色向特色学校的转变，即由“美育特色”的小美转变为“追求美好”的大美，教育对象由部分人转变为所有人，教育时间由高中转变为初高中全程，教学课程由单纯艺术高考科目转变为多数学科乃至所有学科，教育目的由升学功利型转变为素质提升型，为学生德智体美劳全面发展起到了重要推动作用。

五是上级组织肯定。因为“尚美”文化建设成绩突出，在2018年江西省人民政府组织召开的全省美育工作会议上，九江七中校长作为全省唯一中学校长代表在大会上作了“教育就是向美而行”的典型发言，就七中“尚美”文化建设情况进行了大会分享，得到了政府领导和与会人士的高度肯定。

（三）不足

由于多方面原因，推行“9+1”课程过程存在困难和不足：一是器乐课因需要学生自主购买乐器，教师经常要花不少时间与家长沟通，有的学生因经济原因不能购买，导致课堂效果欠佳；二是语文、英语学科的课前5分钟演讲，有的教师考虑教学进度较紧，坚持得还不够好；三是因“9+1”课程不牵涉中高考，老师们对考核工作的重视度不够，有的流于形式。

为此，下一步要从两方面加以改进：一是要加强对教师和教务处工作人员之间的沟通，让他们充分认识到“尚美”文化建设和“9+1”课程在学校工作中的重要意义，增强“9+1”课程的课堂掌控力，切实提高教学效果，教务处加强考核，形成制度，通过坚持使“9+1”课程成为学校的品牌校本课程；二是加强与家长的沟通，提高家长购买乐器的积极性，保证器乐课程的正常开展。

苏霍姆林斯基说，为什么要重视美育？就是要让孩子一直和美好的东西打交道，这样他看到丑恶的东西就不能容忍了。是的，这就是“尚美”文化和“9+1”课程的初衷。向美而行，我们永远在路上……

（本文作于2021年11月，系作者在江西省第四期名校长培训班上的结业论文）

# 教育就是向美而行

九江七中又名九江市艺术学校，是江西省重点中学、全国足球教育特色学校、全国国防教育示范学校、全国篮球特色学校、江西省艺术教育示范学校、江西省普通高中特色学校、江西省语言文字示范学校、厦门大学美术教学基地、华南理工大学艺术教学基地、华中师范大学国际交流基地、天津大学优质生源基地、九江市音乐家协会和市少年弦乐团实践基地。20世纪90年代以来，九江七中高举艺术教育旗帜，以“尚美”文化为总引领，以“各美其美，美美与共”为办学核心价值观，以“向美而行”为办学导向，坚持“以艺促德，以艺辅智，以艺悦心，以艺健体”，促进学生全面发展，取得了丰硕成果。学校书画作品、合唱团、民乐队、健美操、戏剧队、诵读队、智能机器人项目在全省赛事中多次荣获一等奖。近30年来，学校向各大艺术院校输送数以万计的优秀生源，由于成绩突出，连续21年被九江市教育局评为“高中教学质量管理优胜单位”。我们的做法如下。

## 一、以“尚美”文化为引领助力师生成长

1. 以美导人。学校文化是学校之魂。一所有优质文化的学校自然引人向上，催人奋进。九江七中在多年艺术教育的基础上积淀凝练了师生高度认同的“尚美”文化。所谓“尚美”文化，是指以学校艺术特色为载体，引导广大师生认识美、发现美、鉴赏美、崇尚美、践行美，不断完美自我，实现美好人生。“向美而行，乐在其中”成为七中校训，学校工作目标

聚焦六个美：美丽校园、美善德行、美妙课堂、美育特色、美健身体、美好一生。如今，“尚美”文化已成为七中师生共同的价值追求。

2. 以艺怡人。艺术发展需要丰厚的土壤。九江七中多年来的美育实践已在校园形成了浓郁的艺术氛围，实现了“每月大活动，每周小活动”的良好机制。如市政协美术家联谊会走进七中；学校丹青园和书画展厅每月定期组织书画笔会，展示书画家和师生作品；中外艺术交流活动、《长征组歌》高雅艺术进校园、省青年歌唱家协会“青歌飞扬”、市青年音乐家艺术展演、演奏家吴笈长笛音乐会等陆续走进七中音乐厅；中国美院、武汉音院等名校教授定期出席学校“日新讲坛”并开讲。师生足不出校就能感受到四溢的艺术芬芳。

3. 以景育人。艺术特色学校的校园必须有艺术气息。步入七中校园，就走进了“美”的世界。小桥流水亭阁，茂林修竹鲜花，艺术雕塑引人注目，丹青园书画令人驻足，由师生共同策划、设计、命名、书写的艺术大楼“艺馨楼”更是处处洋溢着“美”的因子，每面墙壁都是艺术的导师，陶冶着美的情操，孕育着美的心灵。

## 二、以“普专并重”为导向建设特色美育课程

课程是学校的核心竞争力。七中美育工作始终坚持“普专并重”的原则并对学校课程进行校本化、特色化。

1. 美育必修课：让学生多一项艺术特长。首先，为尊重学生个性发展，对美育必修课实行模块化，由学生自主选择模块走班。如音乐课开设唱歌、器乐、形体、合唱、欣赏等模块，美术课开设素描、速写、剪纸、书法、欣赏等模块，体育课开设篮球、足球、排球、跆拳道等模块。其次，为培养学生审美素养，提升审美境界，要求每位学生通过必修课达到“九会一特长”（9+1）目标，升入毕业年级前进行专项考核。“九会一特长”（9+1）包括会唱一首民歌、会跳一支民族舞、会演奏一种乐器、会画一幅素描、

会写一手好字、会一种手工剪纸、会一项体育项目、会一种语言的演讲、会做一项家务劳动，并使其中一项成为自己的特长。

2. 艺术专业课：让学生多一条升学通道。针对全市慕名而来的艺术特长生，学校在高中专门开设了美术、音乐、舞蹈、传媒、戏剧表演、体育等艺术专业班，艺术专业班除开设专业高考科目外，注重培养学生的艺术素养和专业发展力，开设了合唱、钢琴、艺术欣赏、美术简史等基础课程，形成了一系列有鲜明七中特色的课程套餐。同时，学校与华中师范大学合作，开设了多条国际升学通道，可供学生赴美国、加拿大、西班牙、俄罗斯、新加坡、韩国、泰国等多个国家留学深造，为学生打造升学成才的立交桥。2018 年九江七中有 2 名高三学生被泰国博仁大学录取。

3. 研学实践课：让学生多一份艺术体验。艺术离不开生活。九江七中在校内开展艺术节等多项常规活动的基础上，在武汉大学、南京艺术学院，婺源、景德镇，文博园等建立了艺术实践基地，每年定期组织学生研学采风，丰富艺术阅历，并常年坚持。由于富有实效，七中在“江西省中小学红色、绿色和古色文化教育优秀研学旅行活动案例评比”中被评为全省一等奖。

4. 兴趣社团课：让学生多一个交流平台。学习始于兴趣，七中注重学生艺术社团建设，开设了合唱、小提琴、舞蹈、民乐、健美操、剪纸、素描、书法、诵读、英文歌曲欣赏等兴趣课程，每周一课时，供学生学习交流进步。

## 三、以“美善德行”为标尺着力培养合格公民

思想这块田，不长庄稼就长草。九江七中抓住契机、抢抓先机、不失时机地抢占学生思想阵地，使之培养的学生能基本具备新时期要求的德行品质。

1. 加强三项管理保规范。三项管理，即“行为规范、手机管理、中午

静校”。良好的行为规范是学校顺利开展教育教学工作的前提，九江七中利用新生入学教育周、军训、行政值周管理、开设德育加强班等方式对学生行为、仪容仪表进行规范管理。开展“亲近书本，远离手机”教育活动，提倡学生不携带智能手机进入校园。同时把每天中午1点至2点作为静校休息时间，既保障了学生学习精力，又使校园宁静有序。

2. 突出三个重点促提升。三个重点，即“家校合作、心理教育、职业规划”。没有家庭教育介入的教育是不完整的教育。九江七中成立了三级家委会，参与学校管理，定期组织教师开展家访活动，形成了家校合力。注重学生的心理健康，配备了专职心理教师，分年级对学生开展心理讲座，对入校新生进行心理摸底排查，有针对性地做好跟踪引导工作。在高中新生入学教育周，开设了职业生涯规划课，帮助学生认识自我，找准方向，树立信心，同时利用寒暑假组织学生参与职业实践，增强职业体验。

3. 聚焦三大目标争优质。三大目标，即“德育课程化、学生自治化、德行美善化”。九江七中德育以“尚美”为主题，每年开展了体育节、艺术节、科技节、读书节等丰富的德育活动，广大学生参与其中，学在其中，乐在其中。为使德育活动管理有序，我校逐步将德育活动纳入课程体系，形成制度和文化品牌，通过走班满足了不同学生的个性发展需求。鼓励学生管理自治，学校爱书吧、广播站、社团、食堂、校园文明岗等均由学生负责，让学生在自我管理中不断得到锻炼和提高，最终实现美善德行的终极目标。

## 四、以“德艺双馨”为目标锻造教师队伍

教师是教育之本。九江七中高度重视教师队伍建设，在按市局要求一步一个脚印抓好师德师风的基础上，主要做了三个方面工作。

1. 持之以恒紧抓专业成长。一是送出去学，每年安排50名班主任和青年骨干教师到异地师范大学培训一周，定期安排艺术教师外地采风和集

中研修，2017 年组织全校美术教师参加了市局组织为期一周的厦门大学美术教师培训班，定期参与闽浙赣三省美术特色十五校联盟交流活动，大批量多人次组织中层干部、教研组长、年级组长到杭州、深圳、福建以及泰国等城市和国家的名校参观交流；二是请进来教，每年请中国美院、武汉音院、厦门大学等名校教授到我校驻校半月以上对教师进行指导，校日新讲坛开讲 13 次；三是研修中磨，大力开展了以课堂教学要素为主题的系列教师校本研修活动，七中老师称之为教师课堂，全校教师参与，每个学期一个主题，如 2018 年上半年的主题是“教学导入”，下半年的主题是“教学设问”。

2. 不拘一格引进柔性人才。九江七中作为艺术特色学校，尽管在职艺术教师数量不少，但与艺术教育多元的教学需求相比仍有缺口，按照“不求所有，但求所用”的原则，我校通过大力引进校外专家来校兼职解决这个矛盾。目前，我校聘有兼职艺术外教 2 人，国内各高校专家、市内艺术名家 15 人，较好地满足了办学需求。

3. 坚定不移发挥辐射作用。作为全省的艺术教育样本校，我校发挥艺术教师的辐射作用义不容辞。近年来，我校积极组织艺术教师赴农村地区支教，到兄弟学校帮教，到市、区老年大学任教，组织艺术团赴部队慰问演出，积极承办全市美育教科研和教师培训任务，并开设了 1 个省级“名师工作室”，带动更多教师成为艺术名师。

（本文作于 2018 年 7 月，系 2018 年全省美育工作会议的大会典型发言材料，原载于 2018 年 9 月 11 日《浔阳晚报》，收录中有删节。）

# 以课程改革推动学校内涵式发展

## ——九江七中课程改革行动方案

课程是学校的核心竞争力，是解决培养什么人、怎样培养人、为谁培养人的问题。一所学校办学水平的高低很大程度体现在课程建设水平，因此必须结合学校办学实际，根据教育发展态势和学校培养目标，对学校课程进行新一轮建构和实施。

### 一、我校课程建设现状

按照有关专业人士定位，课程建设分为三个阶段：一是从无到有（兴趣课）；二是因人设课（课程丰富）；三是按需设课。当前我校当处在第一阶段，大约相当于上海基础教育 90 年代水平。因此，提高学校办学品质，加快课程建设步伐迫在眉睫。

### 二、为什么要进行课程改革

1. 为学生全面发展

教育的指向是未来。如果我们今天学校课程的目的只是为了考试和分数，那我们的学生最多只有今天，不会有明天。林语堂曾说过：学校应如同一片森林，学生应犹如猴子一般，在其间自由跳跃，任意摘取各种营养丰富的坚果。因此，我们学校应尽可能为学生的全面发展提供广阔的课程资源平台。

2. 为教育质量提高

课程的质量标准决定育人的质量。有人认为，开设选修课可以丰富学生的知识，但会挤占考试科目的时间，给考试科目带来不利影响。怀特海的过程教育哲学思想认为：鉴于知识的能动性，教育中过分严格的训练是极其有害的，积极而富有创新精神的思维习惯，只有在充分自由的环境下才能产生，不加区别的严格的训练，使心智迟钝，反而实现不了自身的目的。因此，只要把握好选修和必修课程的分配比例，不但不会影响考试科目，在一定程度上还会激发学生自主学习的积极性，提高学习效果。

3. 为学校特色彰显

一所学校的特质在课程。我校是江西省重点中学、省艺术教育示范学校，学校高中升学艺术专业是重要一块，有着鲜明的办学特色。但学校特色不等同于特色学校，特色学校之特在于全体学生参与，而学校特色之特是部分人参与，不是真正意义的特色。因此，要把我校从少数学生参与的学校特色办成多数学生参与的特色学校，必须围绕艺术特色深化课程改革。

## 三、课程改革的目标

1. 总的目标

通过三年努力，使学校课程形成一套具有鲜明艺术特色、适合学生身心和学力发展的多层次、多类别、内容丰富、形式新颖、学生喜爱的完整体系，并逐步完善校本教材建设，为学生发展提供广阔的课程资源平台，促进学生全面发展，提升学校办学质量，推动学校向高水平办学发展。

2. 课程类别

学校课程类别共设六大类，具体要求是：必修课程校本化、选修课程精品化、特色课程（指非艺术专业方向，下同）普适化、艺术课程（指艺术专业方向，下同）专业化、德育课程系统化、社团课程多样化。

其中必修课分为分层课和模块课两种。分层课主要对考试学科，根据学力选择，模块课主要为非考试学科，以模块选择为主。

选修课程分为兴趣特长课、拓展补差课两种。兴趣课主要挖掘培养学生多方面兴趣特长，拓展补差课主要是学科深入拓展和学科补差。

特色课程除开设美育校本课外，主要融合在艺术、德育、语文、英语、体育等必修学科之中完成，旨在让我校毕业学生都拥有一定鉴美能力和艺术特长。

艺术课程分为美术课、音乐课、传媒课、表演课、舞蹈课五种，按高考专业方向要求开课。同时注重学生艺术基础的培养，所有艺术专业方向开设艺术研学课程，美术课开设美术欣赏，音乐课开设钢琴、合唱、音乐欣赏等基础课程。

鉴于艺术课程、德育课程、社团课程具有相对特质，本文不专门展开，他文另叙。

3. 进度目标

考虑到高中自 2018 年开始实施高考改革，首先重点做好高考改革选课工作，同时做好难度不大的非高考学科模块教学、兴趣班教学，对难度较大的学科分层和拓展补差课待选课走入正轨后逐步分年实施，三年后完成。

初中模块课、分层课、兴趣课、拓展课、特色课于明年秋季同时展开，其中分层主要对数学、英语学科，拓展课主要对语文学科，三年后，初步形成较为成熟的初中课程体系。

## 四、课程改革的路径

### （一）必修课和选修课各课型推进办法

1. 模块课

主要在非毕业班音乐、体育、美术、计算机课中分学期实施，课时在国家规定课时内消化，两年完成。其中：

音乐课开设：唱歌、器乐、形体、合唱、欣赏五类。

体育课开设：篮球、足球、排球、跆拳道四类。

美术课开设：素描、速写、剪纸、欣赏四类。

计算机课开设：信息技术基础、动画制作、编程创客三类。

2. 兴趣课

在非毕业班开设足球、排球、羽毛球、围棋、象棋、跳棋、舞蹈、合唱、剪纸、朗诵、英文阅读、英文影视欣赏、英文歌曲欣赏、机器人、写作鉴赏、课外生物、趣味数学、书法、剪纸、电脑制作、化学实验等课程，每周一节，课时在活动课课时内安排。

3. 分层课

初中对相应班级进行数学、英语两科分层走班，2019 年在部分班级先行试点，经验成熟后推广，教师考核实行三三制（年级三分之一、班级三分之一、个人三分之一）。

高中对艺术生进行数学、英语两科分层走班，文化班走班待新高考走班顺畅后逐步推行。教师考核实行三三制（年级三分之一、班级三分之一、个人三分之一）。

4. 拓展课

初中语文课每周在国家规定课程内拿出一节进行拓展补差，由学生自由选择走班。

高中语文课待新高考顺畅后稳步推行。

（二）特色课程推进办法

1. 在初一、高一开设美育校本课，每周一节，培养学生美的领悟、鉴赏、创造，浓厚校本特色。

2. 结合我校艺术特色，对我校初中有关必修课进行适当校本化，从中深挖美育资源，使学生达到“九会一特长”（9+1）目标。“九会一特长”（9+1）是：会唱一首民歌、会跳一支民族舞、会演奏一种乐器、会画一幅素描、会写一手好字、会一项体育项目、会一种手工剪纸、会一种语言的演讲、会做一项家务劳动，并使其中一项成为自己的特长。

所有“九会”项目除家务劳动在德育课程里安排以外，其他全部在必修课内完成。“会唱一首民歌、会跳一支民族舞、会演奏一种乐器”在音乐课内完成；“会画一幅素描、会一种手工剪纸”在美术课里完成；“会写一手好字”在书法课内完成；“会一项体育项目”在体育课内完成；“会一种语言的演讲”在语文和英语课内完成。特别是音乐课程，要对国家课程内容进行适当校本化，完成国家课程的重点，腾出时间完成对舞蹈和乐器的教学，其中乐器可考虑口琴、竖笛等易携带乐器。

（三）课程改革的其他做法

一是语文课、英文课开展课前5分钟演讲试点，适时推广。

二是适时开设职业生涯指导和心理教育课程。

三是德育课程建立完整体系，分年级、班级、月份有序开展。

## 五、课程改革中需把握的几个原则

1. 坚持全校思想统一为前提

课程改革是关乎学校发展的大计，家长、学生、教师高度关注，在推进前必须反复召开意见征询会，听取多方意见，不断完善方案，并得到广泛支持方可启动。

2. 坚持以学生发展为核心

课程建设所有的出发点和落脚点都是为了学生全面发展，因此，课程开设必须符合我校学生实际，不好高骛远，不追求新异，改革过程中要经常听取学生意见，做出适当调整，以适应学生学习需要。

3. 坚持以师资建设为根本

课程改革成功的根本和关键在教师。因此，要充分调动教师参与改革的积极性，让其主动参与其中，同时，要开展多渠道教师培训，增强业务本领，推动课程改革。

4. 坚持以提高质量为目的

课程改革的目的是提高质量，而不是相反。因此，决不能以牺牲教学质量来推进改革。在课程改革过程中，要密切关注课堂教学的组织和实效，掌握一手情况，发现不良苗头，立即予以化解。

5. 坚持循序渐进，稳妥实施

针对不同课程采取不同方式推进：对有把握的课程可以即时开设；对把握不大的课程可以采取试点方式，待有把握后再行开设；对没有把握的暂缓开设，确保学校课程改革平稳有序、富有实效。

（本文作于2018年7月，原载于《九江教育》2018年第3期）

# 普通中学“尚美”文化建设的课程策略

## ——九江七中“9+1”等课程的行动研究

**【摘要】**普通中学开展“尚美”文化建设必须要有课程支持，在国家对课程和课时严格规定的背景下，如何将“9+1”等“尚美”特色课程融入学校课程体系，是对办学者的考验。本文从第一课堂和第二课堂两个维度对学校“尚美”文化建设的课程策略及行动研究进行了阐述。

**【关键词】**普通中学　尚美文化　“9+1”　课程策略

**【基金项目】**本文系江西省教育科学“十三五”规划2018年度课题《普通中学“尚美”文化建设实践与研究》的研究成果，课题编号18PTYB046。

九江市第七中学在多年办学实践基础上，凝练形成了具有巨大向心力和凝聚力的“尚美”文化。所谓“尚美”文化，是指以“美”为教育的终极目标，以学校艺术特色为切入点，教育教学工作中倡导“向美而行，乐在其中”，坚持“以美促德，以美辅智，以美悦心，以美健体”，通过学校课程体系引导广大师生认识美、发现美、鉴赏美、崇尚美、践行美、创造美，不断完美自我，实现美好人生。

课程是学校一切教育教学活动的总和。“尚美”文化之所以被广大师生认同并成为大家共同的价值追求，在于学校大胆创新并坚持不懈地推行系列“尚美”课程。“九会一特长”课程（以下简称“9+1”课程）就是“尚美”课程中极具特色的部分。

“9+1”课程就是要求每位学生通过学校开设的音乐、体育、美术、语文、英语、社会实践等课程达到“九会一特长”（9+1）目标。具体是：会唱一首民歌、会跳一支民族舞、会演奏一种乐器、会画一幅素描、会写一手好字、会一种手工剪纸、会一项体育项目、会一种语言的演讲、会做一项家务劳动，并使其中一项成为自己的特长。“9+1”课程实施以来，对激发学生审美积极性，培养学生审美素养，提升审美境界作用巨大，受到师生的广泛好评。

但“9+1”课程启动之初，由于国家对普通中学课时有严格规定，课程安排有总量限制，不能随意突破。这样一来，在完成国家必修课程基础上，如何将“9+1”课程融入课程体系，落地生根，让学生真正做到“九会一特长”，并与学校“尚美”文化建设相得益彰，是个不小的难题。经反复推敲，听取意见，学校采取了多措并举的办法解决了这个问题。

1. 开设新课

根据九江市教育局《关于印发九江市义务教育和普通高中课程设置及课时安排表的通知》（九教办发〔2018〕265 号）精神，初一年级可开设 3 节地方与学校课程。根据办学目标和工作实际，学校分别开设了书法课、剪纸课、心理教育课。这样一来，九“会”中的“会写一手好字”“会一种手工剪纸”这两“会”就有了课程支撑。

2. 整合老课

就初中而言，学校能够自主开设的地方与学校课程是有限的，其中初一年级可开 3 节，初二年级可开 1 节，初三年级可开 2 节。对于“9+1”课程而言，只在校本课上做文章显然不足以解决问题，因此，必须在整合现有必修课程上想办法。

根据九教办发〔2018〕265 号文件精神，目前学校初中音乐和美术课每个年级各开 2 节。我们整合的办法是：初中每个年级保留 1 节常规音乐课和 1 节常规美术课，另开设 1 节特色音乐课和特色美术课，特色课包括舞蹈、器乐、合唱、素描、速写、色彩课等，具体安排见表 4。

表 4　九江七中初中音乐、美术课程整合前后对比情况

| 年级 | 整合前<br>音乐课开设 | 整合后<br>音乐课开设 | 整合前<br>美术课开设 | 整合后<br>美术课开设 |
|---|---|---|---|---|
| 初一 | 2 节音乐课 | 1 节音乐课<br>1 节舞蹈课 | 2 节美术课 | 1 节美术课<br>1 节素描课 |
| 初二 | 2 节音乐课 | 1 节音乐课<br>1 节器乐课 | 2 节美术课 | 1 节美术课<br>1 节速写课 |
| 初三 | 2 节音乐课 | 1 节音乐课<br>1 节合唱课 | 2 节美术课 | 1 节美术课<br>1 节色彩课 |

这样整合的目的是在兼顾音乐、美术两个学科基本教学内容的前提下，通过一年时间每周一节的特色专业课，让学生对特色专业学习时间相对集中，学习效果相对深入，让学生学习有一定的收获感，并对其产生学习兴趣。比如我校开设的器乐课，有的年级学了顺笛，有的年级学了葫芦丝，学生们通过一年的小专业课，都能吹上几首曲子，艺术节期间多次上台演奏，不少学生对此兴致盎然，乐此不疲。

通过对音乐、美术两学科的课程整合，不但九“会”中的“会唱一首民歌”“会跳一支民族舞”“会演奏一种乐器”“会画一幅素描”等的课程平台都得到了较好的解决，而且有效提升了学生的艺术实践能力，为我校高中艺术班提前播下了种子，取得了育才和办学双丰收。

3. 创新模式

为切实解决“9+1”课程中“会一项体育项目”的课程安排，我们对学校体育课的教学模式进行了改革，开设了“体育超市”，由学生自主选课，即对非毕业年级的体育课设立篮球、足球、排球、跆拳道四个模块，由学生自主选择模块学习，每个学期学习一个模块，四个模块两年完成。为了顺利开展模块教学，学校教务处将同年级的体育课相对集中，同时尽可能

安排两节连堂，便于深入开展模块学习和训练。

4．分割课时

对于“9+1”课程中“会一种语言的演讲”的课程融合办法是：我们要求所有语文课、英语课都把每节课45分钟的课时分割成5+40两个部分，前5分钟专门用于学生中文或英文演讲，后40分钟用于讲授常规教学内容。演讲从不命题演讲到命题演讲，从有准备演讲到即兴演讲，从一人演讲到多人对讲，从可以看稿演讲到脱稿演讲，逐步深入，层层递进，极大提高了学生语言表达能力，激发了对语言的学习兴趣，得到了师生的普遍好评。

5．家校共育

我们对于“9+1”课程中的“会做一项家务劳动”采取的办法是家校共育。根据九教办发〔2018〕265号文件精神，初中各年级都开设了1节综合实践活动课。但由于综合实践活动主要包括信息技术教育、研究性学习、社区服务与社会实践以及劳动与技术教育等多个内容，加上开展劳动技术教育必须要有适当的劳动条件，所以课堂上主要以理论讲解为主，劳动实践为辅，多数劳动实践被要求到家中和课外进行，由家长拍摄视频和照片作为检查和评价依据。

6．定期考核

考核由教务处和“9+1”课程各任课教师负责。教务处在学生入学时给每位学生发放“9+1”课程电子评价单，任课老师在学科教授结束后对学生单科进行评价，评价分“优秀”“良好”“合格”“不合格”四种，对评价为“不合格”的学生给予补考机会，直至考试合格为止。学生毕业前夕，要求评价单上至少在8个“合格”（作为“九会”考核要求）、1个“良好”成绩以上（作为“一特长”考核要求），否则原则上不得毕业。对没有1个“良好”成绩的学生，由学生自选项目补考，至达到“良好”级别方可。

通过上述举措，“9+1”课程全部较好纳入或融入了学校课程，为学生“九会一特长”打下了坚实的基础，也成为学校“尚美”文化的重要课程支撑。但正如有人说，“学校文化是弥漫在校园里的空气，时时刻刻都在影响人”。为了引导学生“尚美”，我们还在课外第二课堂的课程上做了努力。

一是美化环境，以景育人。要引导学生尚美，首先必须要有美的校园，“开”好环境课。多年来学校致力于建设全市最美的具有艺术气质的园林化校园，五年来投入近五千万，校园面貌焕然一新。步入七中校园，就走进了“美”的世界。小桥流水亭阁，茂林修竹鲜花，艺术雕塑引人注目，丹青园书画令人驻足，尚美广场美文灼灼，乐水亭畔大家泼墨，由师生共同策划、设计、命名、书写的艺术大楼“艺馨楼”更是处处洋溢着“美”的因子，每面墙壁都是艺术的导师，陶冶着美的情操，孕育着美的心灵。

二是浓厚氛围，以艺怡人。艺术之美不能脱离艺术实践，引导学生“尚美”，要开好艺术活动课。九江七中多年来的美育实践已在校园形成了浓郁的艺术氛围，实现了“每月大活动，每周小活动”的良好机制，如学校丹青园和书画展厅每月定期组织书画笔会，展示书画家和师生作品；中外艺术交流活动、省青年歌唱家协会“青歌飞扬”、演奏家吴笈长笛音乐会等陆续走进七中音乐厅；中国美院、武汉音院等名校教授定期出席学校“日新讲坛”并开讲。师生足不出校就能感受到四溢的艺术芬芳，美不胜收。

三是走出校门，以研促学。自然之美鬼斧神工，引导学生“尚美”，要开好研学课。九江七中在景德镇、婺源、庐山以及武汉大学、南京艺术学院等地建立了“尚美”实践基地，每年定期组织学生研学采风，开阔眼界，增长知识，丰富阅历，常年坚持。由于富有实效，七中在“江西省中小学红色、绿色和古色文化教育优秀研学旅行活动案例评比”中被评为全省一等奖。

陶西平老师说，教育之美在于求真、求善、求美。苏霍姆林斯基说，为什么要重视美育？就是要让孩子一直和美好的东西打交道，这样他看到丑恶的东西就不能容忍了。向美而行，止于至善，这就是“尚美”文化和“9+1”课程的初衷吧。

（本文作于 2020 年 4 月，原载于《教育科学》2020 年 9 月刊）

# 用洪荒之力，打好“高考改革”准备战

教育的本质是唤醒兴趣，鼓舞精神。2015 年 12 月，《江西省深化考试招生制度改革实施方案》向全社会公布，其核心思想就是期望通过改革考试招生制度，引导教育工作者唤醒学生学习兴趣，鼓舞学生学习激情，促使学生主动自觉参与学习，并改变“一考定终身”和“一分定乾坤”的传统弊端，开辟更加科学、更加公平的新格局。其要旨和我市提出的办好“人本教育、公平教育、优质教育、幸福教育”不谋而合。当下，新高考离我们渐行渐近，我市的高中教育要华丽转身，抢夺先机，必须拿出洪荒之力，努力打好“高考改革”的准备战。

## 一、新高考的主要特点

《江西省深化考试招生制度改革实施方案》（以下简称《方案》）确定了改革时间表：2015 年启动，2018 年全面推进，2020 年基本建立中国特色现代教育考试招生制度。其主要特点就是赋予学生更多的“学习选择权”和高校的“综合选拔权”。

1. 赋予学生的选择权主要体现在三个方面。

一是选课程。即 2018 年入学的高一新生，除语文、数学、外语必须参加高考外，可以根据个人兴趣选择物理、化学、生物、政治、历史、地理中任意三门的学业水平等级性考试成绩计入高考总分。

二是选成绩。外语可以参加两次考试，选择成绩最好的一次计入高考总分。报考高职的学生在未通过的情况下，可以多次参加学业水平合格性考试，选择使用成绩最好的一次计入总分。

三是选专业。2016 年我省将二本三本合并录取，将来，逐步取消录取批次是必然趋势。一直以来，高考采用“总分录取”模式，各高校的生源竞争集中于录取总分的高低，学生为求进名校，往往舍弃对专业的喜好。但今后，大学的专业排名会变得越来越重要，学生会从高中起强化专业规划意识，在高招录取中更注重专业的选择。

2. 赋予高校的“综合选拔权”主要体现在：

打破“唯分数论”，实施“两依据、一参考”的多元评价机制，即依据统一高考成绩、高中学业水平考试成绩，同时参考高中学生综合素质评价信息进行录取，即实行“既看分，又看人”的综合评价。

## 二、应对新高考必须把握的几个关键点

《方案》最大限度地尊重了学生的个性和兴趣，从课程选择层面遵循了因材施教、有教无类的教育原则，但同时也给学校的教育教学和管理带来了考验和挑战，在准备工作中，要努力把握好几个关键点。

1. 思想要跟进。国务院《关于深化考试招生制度改革的实施意见》公布已有两年，我省《方案》已经出台大半年，但社会、学校、教师、家长对新高考认识严重滞后。有的知之甚少，不求深入，不能认清新高考给高中教育带来的巨大冲击和洗礼，有的甚至内心抵触，认为新高考要求甚高，难以真正落地实施。因此，必须尽快统一思想，积极作为，未雨绸缪。

2. 硬件要配套。全面实施高考新政后，走班制成为必然。根据测算，实行走班制须在现行的行政班数量基础上，增加学科班级数的 20%~50%，准备充足的教室是应对高考新政的前提。

3. 师资要保证。首先是数量，走班制的实施，必将需要更多的老师，同时要处理好因学生选科的潮汐变化，导致学科教师需求不均的问题。其次是质量，高考新政下，教师不仅要胜任本学科的教学，还要胜任校本课

程的教学；不仅是课程的施教者，也是课程的开发者；不仅是学科教学教师，还是学生生涯规划的指导者。新高考、新课改、新技术对于学校最大的冲击是教师，教师将面临本领恐慌和生存危机，学校要赢得新高考，实现新发展，必须推动和实现教师的转型和升级。

4. 课程要统筹。传统的高中课程只有必修选修课程，所教的也是高考内容。在高考新政下，将变成必修课程、选修拓展课程、生涯指导课程三类课程，变文理、各学年段的教学为文理融通、初中高中大学融通的教学。变知识点考点的教学为真正提升学生学科核心素养的教学。为适应新高考要求，学校必须根据各自实际建构多层、多向、多类别、模块化的课程，给学生充分的课程选择权。

5. 管理要到位。一是加强课程管理，解决好“一个班一课表”变成“一人一课表”后的日常教学秩序易混乱的问题；二是加强德育管理，解决好因走班带来的没有“同桌的你”的班级归属感问题；三是加强教研管理，解决好因走班同学科教师同时上课导致的教研活动难的问题；四是加强评价管理，解决好走班后教师教学质量评价考核的重建问题，以及学生综合素质评价受到不诚信因素干扰的问题。

## 三、沪浙两地的有益经验

上海浙江两地自2014年开始高考综合改革试点，至今已经两年。2016年5月我校组织教师赴沪浙两地考察学习，他们的不少做法和经验值得借鉴学习。

1. 高度重视教师培训。省（市）、区、学校都组织教师过程性培训，各校都建立以校为本的教研制度。上海理工大学附中还以学科为单位成立“中心学科组”，超前备课，让实力强的老师提前上课，大家一起听课一起分析问题。因为走班的原因，同一学科的老师很难抽出统一的时间进行教研活动，无法相互听课和教研，杭州十四中的解决策略是：利用录播教室录制公开课，学科组教师观摩公开课视频，在学科组长的组织下开展说课、研课活动，进行教学点评与互动。

2. 课程菜单异常丰富。上海复兴中学注重课程体系的顶层设计，将课程分为“语言与文学”“数学与逻辑”等七个板块，每个板块又按照难易程度设计为“基础”“拓展”“特长”“研究”等不同等级，供不同特点的学生选择。杭州十四中围绕多元资质和人格养成开发了“三层七类”（纵向三个层次分层分类推进，横向七个类型的课程领域）课程体系。“三层”是将必修课、选修课、校本课按照难易梯度有机整合成基础课程、拓展课程、卓越课程三个层次，供不同基础的同学选择；“七类”是将课程按照“数理逻辑”“语言文学”“探究创新”等七个类型供不同爱好的学生选择。上海育才中学借鉴国外经验，开设“微型课程”，他们根据国家颁布的课程标准和不同学科特点，对教材进行科学重组，将统一的、长跨度的课程分解为不同层次、不同类别、小巧灵活的课程模块，供学生选择。杭州师范大学附中则与杭州师范大学签订协议，引进10门通识类大学选修课程和3门实验类大学选修课程，并互认学分。

3. 教学管理富有实效。一是采用“122”分类分层组班策略。如浙江绍兴高中一门学科设两个班级类别（选考班、学考班），选考班级如果在两个及以上时，则按照学生学习能力和水平分为A、B两个层次或A、B、C三个层次，学考班不分层次。同时辅以成立学生职业生涯规划指导中心，配备专业指导老师，加强对学生选课的指导。同济大学第一附属中学想出了“背包”走班的模式：在每个教室的门口，还多出了一排排的柜子，上面画着各种具有各类科目特征的物品，比如物理实验的天平、化学实验用的烧杯、用来给学生交作业，最大限度打破时空制约。二是德育管理上全员育人。在浙江温州中学，所有的任课老师均须担任学生的成长导师，让每一个学生都拥有成长导师，让每一位老师都拥有“受导”学生，打造全员育人校园。三是师生评价多元化。如上海育才中学通过过程性评价来考查学生，任课老师登记学生完成作业情况、出勤情况、课堂表现等过程表现，输入学生评价系统，使每位学生拥有一张动态的包含“数理资质”“领袖人格”“艺术资质”“和谐人格”在内的评价图，从不同维度评价学生。对教师则实施备课组和班主任双团队制教学质量目标考核机制，既考查教师课堂教学质量，又考查教师成长导师工作。

## 四、九江七中应对新高考的探索和实践

新高考新教改已星火势成，必将燎原。九江七中根据市教育局要求早学习、早介入、早探索，做了一些有益的工作：一是积极开展教师培训。自 2015 年年底，高考新政出台后，九江七中积极响应市教育局的号召，派出 6 名教学骨干到沪浙两地四校进行学习考察，回来后向全校教师报告考察情况；要求全校各教研组长、有关中层到九江一中参加了教科所组织的应对新高考专项培训；邀请市教研员 20 余人次到我校专项指导；选派了 10 余名教师外出学习培训，增强新高考应对能力。二是专题研讨应对措施。教务处、教研处、政教处联合召开了教育教学工作专题研究会，专题研讨艺术特色学校高考新政下的课程编排、学生管理、教师培训，提出了初步想法。三是主动编写校本课程。为加强我校高考新政下的课程建设，将美术研学和原有校本课程《素描与速写》《色彩》教材进行修订，同时，经与市教科所沟通，拟从高中数学学科开始试点，编写适合艺术特长生的高中数学教材，并逐步覆盖高中各科。

从九江七中目前情况看，教室和师资基本可以满足新高考走班要求。下一步，九江七中在坚定不移地开展教师培训和校本课程开发的基础上，对新高考的考虑是“两个并行”“两个建立”。

1. 分类走班与分项走班并行。文化班学生实行按照学生的职业规划方向分类走班。按照语文、数学、外语编排行政班，按照“理化生”“政史地”“化生地”“政史生”等组合成 20 个“套餐”，供学生选择，编成教学

班。专业班学生按照所学专业实行分项走班。按照美术、音乐、体育分成行政班，按照语文、数学、外语、政治、历史、地理编成教学班。

2. 行政班主任、教学班主任、学生成长导师并行。构建教师双岗管理、学生自主管理、成长导师指导管理的走班管理体系。确立任课教师是教学班的核心，是教学班中教学、纪律、财物、安全管理的第一责任人。落实成长导师指导，加强学生生涯指导和未来生涯规划指导，以减少学生选科的盲目性，同时，更加有针对性地关注学生的思想动态、心理需求和个性发展。

3. 建立多元化的教师、学生评价体系。从职业道德、工作量、教学常规、专业发展、教学业绩等方面全方位评价教师，覆盖教育教学各方面。从思想品德、学业水平、身心健康、兴趣特长和社会实践等方面建立学生综合素质评价体系，重点看学生成长过程中能够集中反映综合素质评价的一些具体活动和相关的事实，强化监督，力求公正。

4. 建立家校互动的学情反馈机制。构建走班管理平台，利用平台对教学情况进行精细化管理。在这一平台中任课教师记录每个学生的出勤情况、课堂表现、作业情况和导师辅导情况，学生有问题也可以给老师留言，家长可以在第一时间了解孩子在学校的学习情况并及时与任课老师进行沟通。

## 五、几点建议

本次高考新政与历次以学校为主的教育教学改革探索不同，是自上到下，政府利用高考“指挥棒”倒逼学校改革。建议教育主管部门做好统筹协调工作，打通改革的“最后一公里”。

1. 建议加大宣传力度，以尽快统一思想。新高考是国家着眼于民族未来，着眼于长远发展，提出的新的重大改革举措。但目前，国家意志并未完全内化为教师、家长和广大人民群众的自觉，政府必须利用自己独特的公信力，采取多种方式大力宣传高考新政的重大意义和深远影响，为高考新政打好思想基础。

2. 建议加大"一评选三整治"力度，以解决走班教室不足问题。由于优质教育资源相对不足，目前，我市不少优质高中人满为患，如不坚持按计划招生，坚决制止违规招生，走班将无法实现，高考新政的核心思想"赋予学生选择权"将成为空话。

3. 建议加大教师引进和培训力度，以解决师资数量和质量问题。按测算，新高考实行走班后，理论上教师数量须增加20%左右，可以采取增加编制、财政拨付专项资金外聘教师、区域内教师调剂等方式予以解决。同时，应多层次全覆盖开展校长、教学教研管理人员、高中教师、职业生涯指导老师培训。

4. 建议全市统筹课程资源，使学校在新高考中形成各自优势。一是各校开发整合课程资源能力有限，建议教育主管部门协调各校课程资源的开发整合，形成一校一特色，一校一专长的格局，有利于新高考在全省获得优势地位。二是为引导学生规划专业方向，教育主管部门可牵头做好全国高校的专业排名统计情况，便于全市各校参考。三是协调本地高校、有关社区和高中学校对接，共同开发课程资源、建设学生社会实践基地。

高考综合改革，带来的必将是基础教育革命，关系到中学教育领域的育人机制、课程设置、学教系统重构以及教师专业素养强化、学校育人文化创设等诸多层面的问题。作为基层教育工作者，我们将积极探索适应新高考改革的办学之路，提前规划，早作准备，集全校师生之力，努力打好"高考改革"的准备战，办好人民满意的七中教育。

（本文作于2016年9月，原载于《九江教育》2016年第5期）

# 对新高考改革有关要素的分析和思考

新的高考改革渐行渐近，我市教育要在新的改革中立于不败之地，必须提前筹划，未雨绸缪，早作准备。对新高考改革的诸要素进行分析探究有利于在庞杂的改革中找准关键，重点突破，顺利转型，以下考量仅供同行们参考。

## 一、关于课程

课程是新高考改革的关键因素，课程建设的好坏直接关系到新高考改革的成败。课程改革的核心理念是为了每一位学生的发展。因此，要在课程上给予学生最大限度的选择权。我省执行的高考课程模式是“3+3”，学生的课程选择权无非在选类别、选层次、选个性课程三个方面。

1. 选类别（纵向）

根据“3+3”模式，我省课程选择有20个菜单。具备条件的学校可以开齐全部20个菜单，规模较小的尚不具备条件的也可按职业规划方向分成科学、理工、社会、人文、艺术、体育等诸个大的方向，让学生选择，有利于操作实施。

2. 选层次（横向）

每门课程按学习水平可分为三个层次（规模较小的学校可分为两个）：A班（高考科目，快班，适应对象为基础较好的学生）、B班（高考科目，慢班，适应对象为基础较弱的学生）、C班（非高考科目班）。规模较小的学校可开A班（高考科目班）、B班（非高考科目班）两种。

3. 选个性课程（拓展）

当下，不少高中学校开设了除国家规定课程外的弹性课程，即个性课程，包括地方课程、校本课程、兴趣拓展课程等，此项可由学生根据校方开课实际自主选择，最终实现一人一课表的目标。

## 二、关于走班

实行选课后，走班就成为必然。所谓“走班”，是指不把学生固定在一个教室，或根据学科的不同，或根据教学层次的不同，学生在不同的教室中流动上课。

走班最主要的特点是学生可以选择一个自己有兴趣的学科学习，或者选自己更加欣赏的老师来听课。从某种意义上说，这是典型的“因材施教”。走班还能扩大学生的交往范围。由于没有了固定班级，学生在每门科目的学习中会接触到不同的同学，交往范围可以扩大几倍，有利于培养学生的社交能力。“走班制”对教师也有积极作用，学生选择授课教师有利于促进教师业务成长。

根据走班的规模，大致可分为大中小三种类型。

1. 全科全员走班（大走班）。就是每一位同学按需选课，无固定行政班，或以语数英某单科为行政班（艺术特色学校可以以专业为行政班），实行全科全员走班。这种模式给予学生最大选择权，但对学校和教师的管理压力较大，适合有一定走班经验的优质学校。

2. 以语数英三科组建行政班，其他学科走班的部分走班（中走班）。就是以学生语数英三科学习层次组建行政班，该行政班语数英以及音体美等非高考科目固定上午上课，其他学科下午走班。这种模式对学校和教师的管理压力较小，便于操作，适合刚启动走班的多数学校，弊端在于忽略了学生语数英三科的学科差异。

3. 以语数英另加一至两门高考学科为基础组建行政班，其他学科走班的少数走班模式（小走班）。就是在学生选课的基础上，把语数英和另外一至两门高考学科相同的学生编为行政班，个别学科走班。这种模式学校管理压力小，但弊端是容易忽视学生学科的层次差异，适合学生学习层次相对均衡的规模较小的学校。

鉴于我市走班刚起步，同时给予学生更充足的时间了解学科，使用好学科选择权，建议在操作上可以考虑高一上学期按现行做法分行政班上课，开齐所有科目，在高一下学期后再启动学科分班。有可能的情况下，应给予学生定期调整学科的权利，尊重学生的个性化发展。

## 三、关于职业生涯规划

职业生涯规划是新高考改革催生的新产物。给予高中生选择权的前提是让他们了解职业生涯规划，否则选择就会变得盲目且毫无意义。

职业生涯规划就是个人根据自身的现实条件，确立自己的职业方向，制订发展计划、学习计划及行动方案。而高中生从选择文理科到填报高考志愿，直接决定其专业和职业的选择，所以高中阶段进行职业生涯规划尤为重要。

目前，我国高中职业指导工作开展范围非常狭小，从地域范围讲，除上海、浙江两试点地外，只有广州、北京等地区的部分普通高中开展了职业指导工作，且多是出于课题研究的需要，其他大部分高中还没有职业生涯设计指导课，也没有配备持有职业指导师资格证的教师。

有关资料显示：很多高中生单凭自己喜爱的电影或电视剧就决定其高考专业选择，但对职业缺乏一定了解，也没有分析过这份职业是否符合自己。在大一学生中，有一半学生认为现在就读的专业不是自己理想的专业，其中近四成同学想要通过转专业来弥补。有 63.8% 的学生填报大学志愿时没有考虑过将来从事的职业，50% 的学生职业理想是在大学期间形成的。这些现象和问题都说明了他们不够了解自己的职业兴趣和性格特点，不够了解所选的专业和将来的职业。可见，高中生职业生涯规划的现状并不乐观。因此，要着重做好以下三方面工作。

1. 要提倡学校进行职业生涯规划教育。生涯教育的内容包括引导学生自我规划和鼓励参与校外实践，师资力量有保障的还可以对学生的学业和生活进行指导。生涯教育的方式包括开设职业生涯教育课、职业指导咨询、参加社会实践和参观企业等，学校可以利用各年级段开展生涯教育，特别是在高一年级，应开设相关课程，并在后期的学习中对学生的职业生涯规划不断进行指导和修正。

2. 要提高家长对职业生涯规划的认识。家长对学生的职业选择的影响最大，能够帮助自己的孩子发展自我意识和职业生涯意识，以及制订职业生涯规划。家长要把自己放在观察者的位置上，重点是支持孩子自主搜索信息，鼓励参加兼职工作和志愿者活动，让孩子承担一定的责任和有机会在极少干预的情况下完成职业生涯规划。

3. 要呼吁社会提高对职业生涯规划的重视程度。要改善高中阶段职业生涯规划的现状，必须提供充足的资金去引进专业的职业测评软件，建立专门的机构设施，培训大量的专业人才，开发教材，进行实验改革，确保高中生的职业生涯规划取得实效。有条件的教育主管部门可以设立专门的职业生涯服务机构，为学生熟悉各种职业提供咨询与指导。还要建立职业生涯辅导相关网站，为学生提供个性化的服务。另外，电视广播和新闻媒体也要积极关注高中生的职业生涯规划，对此进行相关知识的宣传和事实报道，呼吁社会大众提高对高中生职业生涯规划的重视程度，为高中生提供有利的社会环境和支持。

## 四、关于学生综合素质评价

根据《江西省深化考试招生制度改革实施方案》精神，自 2020 年起，高中学生综合素质评价信息在有条件的普通高校招生录取中将作为重要参考，评价内容主要包括：思想品德、学业水平、身心健康、艺术素养和社会实践五个方面。做好学生综合素质评价要努力把握以下几个关键点。

1. 评价主体要多方共同参与。学校要将老师、家长、学生都纳入评价人员，综合素质评价包括学生自评、学生互评、老师评价和家长评价，评价人员的多元化在一定程度上保障了评价的公平和公正。将评价的时间拉长，而不只是在某个节点进行评价，这样的过程性评价保证了评价的及时有效。在日常使用中，教师要在每一天的每堂课后，对每一位学生的表现作出评价。学生也要在出现了具有代表性、体现个人优势特色的过程性记录时进行登记。只有共同参与结果才能形成共识。

2. 评价内容要公开公正透明。学校评价内容、实证材料和评价结果在录入管理系统前，必须于每学期期末在教室、公示栏、校园网等显著位置公示，学生社会实践活动需经相关部门和社会机构审核确认，必要时提供证明人和照片。学生高中毕业前，信息管理系统自动生成《九江市普通高中学生综合素质纪实报告》，经学生确认后要在本校公示。公示无异议后，由学生本人签字，再经班主任和校长签字以及高中学校盖章后存档，供高校招生参考使用。

3. 评价目的要服务学生发展。促进学生健康成长是进行学生综合素质评价的出发点和落脚点，评价是为了促进学生的全面发展。因此，评价的发展性功能既要考虑学生的过去，又必须重视学生的现在，更要着眼于学生的未来，体现出对学生的关注与关怀，帮助学生全面认识自我，找出不足，树立自信，规划发展。

4. 评价结果要撬动课程改革。通过对学生的全程评价，逐步掌握学生发展规律，推动学校课程改革，改进育人评价模式。对于学校而言，评价办法是实现育人目标的有效载体和有力抓手。这种关注全程，注重激励和导向，质评与量评相结合、过程与结果相结合的评价方式，要助力学校“最有价值教育”的探索，助力学生综合发展。

5. 评价特色要彰显校园文化。综合素质评价要“为我所用”，与学校文化有机结合，为学校的培养目标和特色发展服务。比如艺术特色学校要在艺术素养方面，要求学生掌握一项艺术技能等。

## 五、关于教育教学管理

新高考改革给学校教育教学管理带来了诸多新的课题，必须在实践中积极探索，不断完善。

1. 安排课表要注重智能和人工相结合

新高考下的走班制执行后，必将给学校的教学秩序、班级管理带来新的挑战，沪浙两地先行先试的学校普遍反映，给教师排课是一道技术难题。排课需要考虑很多复杂的因素，按照老办法用电脑排课基本行不通，也找不到一款将选科、编班、排课三项功能合为一体的软件，怎么办？可以考虑用计算机和人工结合的办法编排，如有必要可以请专业人士帮助建立数学模型来设计相关程序。

如浙江省温岭中学的做法是：先使用计算机进行排课，把数学模型建立起来后，再根据选课组合一步一步往下推，提出语、数、外先排，把选课人数作为班级进行统一编号，编号竖直（一天的 8 节课排成一纵行）尽量数字一样（即尽量在同一个班级上课），横向（5 天的某同一节课排成一横行）不能重复（即同一节课学生只能在一个班级上课），这些都要在手动编班排课时不停地调整。

如排课确实困难，可每周安排一节自习课，让学生在图书馆、阅览室自习。排自习课的好处是既给排课增加了活动空间，同时也解决了教研组因同时上课教研活动难的问题。

2. 德育管理要注重班主任与导师相结合

走班后，教师授课的学生群体多变，班级结构趋向松散，这给学生管理带来巨大挑战——教师“找不到学生”“抓不住学生”。针对此现象，沪浙两地多数学校实施了班主任和导师的双轨制管理。

如浦东复旦附中分校在高一年级编制了 7 个行政班级，设置班主任，职责是组织相关主题教育和集体活动；而导师一人负责 8 ～ 12 名学生，按照学生寝室划分管理区间，主要职责是与学生“点对点”地进行学业指导、升学指导、生活辅导、家校联系。

导师利用每两周一次的导师课，以及每两周一次在学生宿舍值晚班的时间，与学生进行深入交流。导师有效的指导办法是采用研究项目的形式，每次提出一个有社会性的讨论话题，大家围坐在一起开展“头脑风暴”，通过讨论培养学生的探索精神、发散性思维和辩证性思考力。

3．教师评价要注重过程与结果相结合

教育教学管理的核心要素之一是教育评价，新高考制度下如何做好教师评价，是教育管理者研究的重要课题。

长时期内，我们的教师评价过于看重结果而轻视过程，即以升学成绩定英雄，造成教师评价的严重异化，给教师业务成长带来消极影响。

新高考背景下，对教师评价的依据必须是教师的基本职责，从职业道德、工作量、教学常规、专业发展、教学业绩等方面全方位评价教师，覆盖教育教学各方面。评价方式要重视结果，更要注重教学过程。通过对教师的发展性评价，促进教师的专业和品行提升。对教师的评价语言宜采取模糊评价，使得评价更有利于对老师的指导、提醒和为促进合作提效。

在新的高考形势下，教师参与行政班、教学班、选考班、学考班、必修课、选修课等不同的教学任务，评价前必须明确教师目标任务，不管担任哪一类型的课，评价都可以按照六大任务（管理、教育、教学、指导、教研、学习）完成率为依据。还可以通过教师互评、学生民意测验等评价结果的统计，促进教师对自身职责完成情况的反思。只有通过全方位、多角度的全程评价，才更能增强评价的有效性和激励性，促进教师的成长。

## 六、关于师资、教学设施等保障

高考新政及选课走班制的实施，对我市学校师资及教学设施等保障提出了新的要求，情况严峻，压力不小，必须早作准备，提前应对。

1. 加大师资补充和调剂力度。根据测算，走班制实施对教师的需求量较之改革前需增加 15%~40%，当前我市各校教师数量都较为紧张，改革后教师紧缺情况将进一步加剧。如不解决好教师问题，新改革赋予学生的课程选择权将难以落实，沪浙两地就有不少学校因教师不足无法开齐学科组合菜单。建议采取以下办法应对：一是根据高考改革的实际需要，向编制部门专题申请适当增加学校编制，以补充教师。二是向财政部门申请拨付专款用以向社会外聘教师，解决教师数量不足的问题。如上海浦东复旦附中分校就是采取外聘教师方式解决教师不足的问题，目前该校聘有兼职教师 15 人，占了全体教师的近 1/3，其待遇由学校申请，教育行政部门审核，财政拨付。三是加大区域内教师调剂或交流力度，解决好因学生选科的潮汐变化，学科教师需求不均的问题。

2. 全方位开展教师培训以增强本领。高考新政下，教师不仅要胜任本学科的教学，还要胜任校本课程的教学；不仅是课程的施教者，也是课程的开发者；不仅是学科教学教师，还是学生生涯规划的指导者。新高考、新课改、新技术给学校造成的最大的冲击是师资的配套，学校要赢得新高考，实现新发展，必须推动和实现师资的转型和升级。

3. 教学设施要尽快配套改革需要。根据沪浙两地经验，实行走班制须在现行的行政班数量基础上，增加学科班级数的 20%~50%，准备充足的教室是应对高考新政的前提。同时，考虑走班要求，具备条件的要尽快配备学生自修教室、室外学生书包柜和作业柜，保证走班顺畅，秩序井然。

## 七、关于学校中层机构更名

为将新高考改革的核心理念落到实处，进一步转变职能，加强管理，推进工作，沪浙两地部分学校对现行学校中层机构进行了更名，值得我们参考。如浙江嘉兴一中将办公室更名为校务管理处，教务处更名为课程教学处，政教处更名为学生发展处，总务处更名为资源保障处，科研处更名为教师发展处，年级部更名为年级管理处，等等。

（本文作于 2017 年 7 月，原载于《乐在其中》2018 年第 1 期）

# 中小学德育有效性提升策略

德育在中小学教育中的重要地位毋庸置疑，但如何提升德育的有效性值得研究，笔者认为应在“四个坚持”方面下功夫。

## 一、坚持立德树人，把牢德育方向

德育即育德，育个人品德，育社会公德，育职业道德，育家庭美德，目的是帮助学生树立正确的世界观、人生观和价值观，因此德育带有明确的指向性。

1．方向要正确，德育不是娱乐休闲。教育部《中小学德育工作指南》（教基〔2017〕8号文）明确指出，德育的目标是培养学生爱党爱国爱人民，增强国家意识和社会责任意识，教育学生理解、认同和拥护国家政治制度，了解中华优秀传统文化和革命文化、社会主义先进文化，增强中国特色社会主义道路自信、理论自信、制度自信、文化自信，引导学生准确理解和把握社会主义核心价值观的深刻内涵和实践要求，养成良好的政治素质、道德品质、法治意识和行为习惯，形成积极健康的人格和良好心理品质，促进学生核心素养提升和全面发展，为学生一生成长奠定坚实的思想基础。因此，德育不能简单理解为“唱唱跳跳、玩玩动动”，而是围绕德育目标展开的一系列教育活动。比如学校举办校园歌手比赛，可以明确演唱歌曲范围为红歌、中国艺术经典歌曲、校歌等，有利于学生了解学习中华优秀传统文化和革命文化、社会主义先进文化，而不是放任良莠不齐的各类流行歌曲唱响校园。

2. 内容要完善，德育不是饭后闲聊。教育部《中小学德育工作指南》指出，德育的主要内容包括理想信念教育、社会主义核心价值观教育、中华优秀传统文化教育、生态文明教育、心理健康教育五个方面，因此德育活动安排要从学生年龄阶段、身心特点出发，建设指向明确、体系完善、重点突出、学生喜爱的课程，不同年级不同时段不同主题，并明确班会课、团队活动课、劳动课、活动课等作为专门阵地，纳入学校课表进行管理考核，杜绝德育工作的随意性（见表5）。

**表5　江苏某校上半年德育课程安排**

| 月份 | 周次 | 活动主题 | 初一 | 初二 | 初三 |
|---|---|---|---|---|---|
| 三月 | 1 | 学习榜样 | 学习雷锋好榜样 | 学习时代先锋 | 学习身边优秀团员 |
| | 2 | 法治教育 | 法律常识要了解 | 青春自护 | 如何看待校园欺凌 |
| 四月 | 1 | 经典有约 | 汉字听写大赛 | 中华好诗词 | 好书共分享 |
| | 2 | 心理健康 | 健康的概念 | 青春的困惑 | 减压的好方法 |
| 五月 | 1 | 团队关爱 | 集体的力量 | 青春奠基仪式 | 珍惜团队的温暖 |
| | 2 | 自立自主 | 我为自主管理献一策 | 自主学习的诀窍 | 我自主　我能行 |
| | 3 | 热爱科学 | 争做创新好队员 | 争做科技小能手 | 我们爱科学 |
| 六月 | 1 | 禁毒教育 | 毒品的危害 | 拒绝毒品珍爱生命 | 请不要任性和好奇 |
| | 2 | 信仰启蒙 | 学党史，知党情 | 走访党的光荣足迹 | 少先队离队仪式 |

3. 开展要常态，德育不是一时一事。教育工作者要树立学生“健康>德行>分数”的观点，把德育工作作为学校重要工作长期坚持抓实抓好。同时，倡导学校全员德育、全科德育、全时德育，决不能“说起来重要，做起来次要，忙起来不要”。实践证明，抓好德育工作不但有利于培养学生良好的德行，为其一生发展打下坚实基础，同时，也有利于学生更好地主动学习，提高成绩。

## 二、坚持四轮驱动，拓宽德育途径

1. 课程育人。充分发挥课堂教学的主渠道作用，将中小学德育内容细化落实到各学科课程的教学目标之中，融入渗透到教育教学全过程。首先，要让学生爱上道德与法治或是思想政治课。如广东水利电力职业技术学院的政治女教师林冬妹刻苦钻研教学，课堂魅力十足，学生“粉丝”众多，学生上课必须占座，其被教育部评为“2016年全国十大教书育人楷模”。其次，要让德育无课不在。各学科教师都要根据本学科特点以“润物细无声”的方式进行德育教育，如语文、历史、地理等课可进行世界观、人生观和价值观的引导，数理化等学科可以进行科学精神和科学方法的培养等。最后，要让德育开出校本之花。学校要结合自身实际，开设富有个性的校本德育课程。可以从引领学生未来发展出发开发德育课程。如南京外国语学校为加强学生理想信念教育，开设了梦想从这里起航课程，可以根据学生的关注点开发德育课程，如扬州教育学院附属中学的沟通课程、生涯规划课程；也可以根据学校资源优势开发特色德育课程，如苏州景范中学利用自身为范仲淹后人创办学校的特点，开设了先苦后乐及范仲淹系列校本教材；还可以利用教师特长或是家长、社区资源开设相应德育课程，如上海鞍山实验学校发挥教师研究年画之长开设了年画课程；等等。

2. 文化育人。学校文化是学校在教育工作中所创造的物质财富和精神财富的总和，包括学校的环境、设备、师资、校风、课程、管理、校史等方方面面。成都市西雅美途学校校长季应朗说过，文化是弥漫在校园中可以滋养、改变人生存状态的空气。所谓点点滴滴皆文化，时时处处都育人，学校办学者要高度重视校园文化建设，通过积极向上、情趣高雅的文化引导人、激励人、熏陶人、影响人。如九江七中在多年以艺术教育为特色的办学基础上提炼了极富个性的“尚美”文化，倡导“向美而行，乐在其中”，具体体现在六个美——“美丽校园、美善德行、美妙课堂、美育特色、美健身体、美好一生”，得到了广大师生的认同和践行。

3. 活动育人。有经验的德育工作者有句口头禅是“没有活动就没有集体，没有活动就没有德育”。开展主题明确、丰富多彩、吸引力强的活动是德育的重要且有效的途径，一个好的德育活动有时胜过千言万语。纵观当前我国中小学校，大多存在德育活动少、不成体系、针对性和实效性不强的问题。究其缘由，主要还是对德育认识不到位，以及对德育研究的缺失。组织好的德育活动要注重顶层设计，分步实施，要注重仪式教育，寓教于乐，要注重学生体验，走入人心。

4. 管理育人。要积极推进学校治理现代化，切实加强学校制度建设并践行之，制度建设要做到“可定义，可操作，可量化，可考核，可追究”，要通过制度引导人、约束人、激励人。教育是“一个灵魂唤醒另一个灵魂”，因此还要切实加强师德师风建设，打造一支师德高尚、教艺精湛的教师队伍，通过教师的一言一行影响促进学生优秀品德的形成。

## 三、坚持三位一体，形成德育合力

1. 家校合作。苏霍姆林斯基说过：“若只有学校而没有家庭，或只有家庭而没有学校，都不能单独地承担起塑造人的细致、复杂的任务。”《科尔曼报告》（也叫《教育机会均等报告》）指出：社会经济发展到一定阶段后，学校在儿童学业成功方面的作用并非人们想象的那么大，而家庭及其同伴的影响才是决定儿童学业成就的关键因素。《科尔曼报告》是当代家庭教育强势回归的标志性事件！学校要建立健全家庭教育工作机制，统筹家长委员会、家长学校、家长会、家访、家长开放日、家长接待日等各种家校沟通渠道，帮助家长提高家教水平，同时加强与家长沟通，了解学生学习生活情况，共同做好学生教育指导工作。家校活动方式共有六种：当好家长、相互交流、志愿服务、在家学习、参与决策和社区合作，学校可根据工作实际开展家校合作，对学生的教育将大有裨益。

2. 社会共育。学校要加强与政府各有关部门的沟通协调，构建社会共育机制。注重发挥党政机关领导干部、企事业单位、高校专家学者以及老干部、老战士、老专家、老教师、老模范的作用，聘请有关人士担任兼职法制副校长、卫生副校长、法律顾问、名誉校长、名誉顾问、名誉教授等，与校外图书馆、博物馆、美术馆、艺术馆、民俗馆等建立合作关系，拓展育人平台，实现多方联动，净化学生成长环境，助力广大中小学生健康成长。

3. 学生自治。学校实行学生自治既是德育的目的，也是德育的手段，不但可以起到锻炼发展学生品性才能的作用，还极大程度减轻了教师负担，提高教育效率。学生自治可以多层面实施，既可以在校级、年级、班级层面实施，也可在团委学生会、社团组织实施。学校管理人员要对学生进行自治前和过程中的精心指导，同时也要大胆放手，给学生自我管理、自我成长的平台。总之，就是要通过学生自治让学生做自己能做的事，乃至于学会还不会做的事。

## 四 、坚持创新求变，增强德育引力

1. 贴近学生。德育活动设计一定要从学生视角着眼，使其符合学生年龄特点、认知规律和教育规律，使之亲近喜爱，乐于参与，从中受益。如同样是设计口头表达方面的学生活动，小学生可以是讲故事，初中生可以是演讲，高中生可以是辩论。

2. 形式新颖。德育的生命是创新，没有创新的德育活动一定是令人乏味，缺少引力的。比如同样是体育节，每一年的主题、形式、项目都可以创新求变，使学生充满期待，兴致盎然。

3. 寓教于乐。德育带有明确的指向性这是毫无疑义的，但决不能因为要达到教育的目的而生搬硬套、冷面说教，要善于通过学生乐于参与的活动，达到潜移默化、启智生慧的目的。比如班级分小组进行室外拓展活动是增强班级凝聚力的有效办法，达到教师口头教育无法企及的效果。

（本文作于2019年4月，原载于《神州》2019年7月中旬刊）

# 不求所有　但求所用

## ——九江七中引进柔性人才打造优质美育教师队伍工作案例

九江七中又名九江市艺术学校，是江西省重点中学、江西省艺术教育示范学校、江西省艺术教育样板校、江西省艺术教育实验基地，同时还是厦门大学美术教学基地、华南理工大学艺术教学基地、华中师范大学国际交流基地、天津大学优质生源基地、九江市音乐家协会和九江市少年弦乐团实践基地。20 世纪 90 年代以来，九江七中高举艺术教育旗帜，坚持“以艺促德，以艺辅智，以艺悦心，以艺健体”，通过大力引进校外美育方面的柔性人才并让他们担任学校美育教学工作，使学校教师队伍得到空前壮大，有力促进了美育的教育教学工作，取得了丰硕成果。学校书画作品、合唱团、民乐队、健美操、戏剧队、诵读队项目在全省赛事中多次荣获一等奖。近 30 年来，学校向各大艺术院校输送数以千万计的优秀生源，由于成绩突出，连续 18 年被九江市教育局评为“高中教学质量管理优胜单位”。

### 一、引进美育柔性人才的背景

七中自 20 世纪 90 年代高中开设艺术高考方向以来，艺术教育一直在全省享有盛誉。针对全市慕名而来的艺术特长生，学校在高中专门开设了美术、音乐、舞蹈、传媒、戏剧表演等艺术专业方向，供学生自主选择。随着艺术教育的不断发展，规模不断增大，特别是自去年学校初中启动“9+1”课程以来，（“9+1”课程就是通过学校初中艺术教育，要求每一位初中学生在毕业时会唱一首民歌、会跳一支民族舞、会演奏一种乐器、会画一幅素描、会写一手好字、会一种手工剪纸、会一项体育项目、会一种语言的演讲、会做一项家务劳动，并使其中一项成为自己的特长。）问题也接踵而来，艺术教师数量严重不足，对高水平艺术教师需求增大。

七中现有在编美术教师 11 人，音乐教师 9 人，数量不可谓不多。但与实际教学需求相比仍有较大差距：如我校高中现有美术专业生 410 人，按照 1∶30 的专业教学师生比，就需要配备美术教师 14 人，还不包含高初中的普通美术教学需要；又如音乐高考方向专业众多，仅乐器一项就多达几十种，9 名音乐教师不可能胜任所有专业的教学需要。与此同时，由于全省艺术方向高考人数不断增多，竞争日益激烈，对高素质艺术教师需求增大。

如何解决好这个问题？学校再引进美育教师？不现实！因为在现有编制政策下，文化学科教师配备和其他纯文化类中学一致，数量一个不能少，编制总量限制了继续补充美育教师的可能性。怎么办？唯有一途：引进校外柔性人才，让他们作为美育教师的补充，但求所用，不求所有。

## 二、引进美育柔性人才的主要做法

七中采取多种方式引进校外美育柔性人才，目前，共引进柔性人才 30 余人，其中外教 2 人，高校教师 12 人，城区自由职业艺术家 10 人，九江学院艺术学院本科实习生 8 人，较好地解决了美育师资数量不足和对高素质教师需求的问题。具体做法如下。

1. 引进高校教师解决高水平师资需求问题。鉴于当前艺考竞争激烈的现状，七中音乐学科教师可以解决打基础的问题，但要想在艺考中出类拔萃，还需高水平的高校教师进行指点提升。因此，七中利用诸多名校艺术教育基地优势，聘请了武汉音乐学院、江西师范大学、九江学院的教授担任艺术指导，他们一般利用周末来校上课辅导，由学校支付辅导费用，较好解决了学生对高水平师资需求问题。

2. 引进城区艺术家解决专业种类缺乏问题。考虑到器乐种类繁多，学校在编教师教学不可能涵盖所有器乐。因此，我们与市音乐家协会协调，聘请市区多名自由职业青年演奏家进行器乐教学，成功解决了多种类器乐教学问题。如七中聘请了九江市著名的青年笛子演奏家吴迪，他曾在中央民族乐团任职，功底深厚，教学受到了学生的普遍欢迎。由于柔性人才众多，七中每年迎新生音乐会在本校音乐教师和引进的柔性人才共同参与下，质量上乘，曲目丰富，精彩纷呈。

3. 引进实习生解决艺术教师数量不足问题。针对美术教师数量不足的问题，七中与九江学院教务处联系并达成合作意向，即九江学院每年 9 月选派 20 余名本科生来我校实习，实习时间 4 个月，其中优先考虑安排美术学科毕业生，如今年安排了 8 名美术学科毕业生来七中实习，实习期间担任美术学科助教，由学校在编主教教师担任指导教师，同时帮助主教教师开展教学辅导。担任助教期间，学校比照在职教师发放相关费用，同时与在职教师同等享受幸福早餐、阳光午餐免费的待遇。如此一来，美术教师不足的问题迎刃而解，因为尽管每年上半年没有实习教师，但全省美术联考已经结束，学校高三美术教师没有教学任务，可以调整助力高一、高二年级的学科教学。

4. 开设日新讲坛解决专业视野不宽问题。我校十分注重培养艺术生的艺术综合素养和专业发展力，艺术专业班除开设专业高考科目，还开设了合唱、钢琴、艺术欣赏、美术简史等基础课程。同时创办了“日新讲坛”，定期邀请艺术名家来校开坛讲座或进行艺术表演，开阔学生专业视野。目前讲坛开讲 22 次，中国美术学院柳江修教授、华南理工大学艺术学院院长梁军、湖南师范大学音乐学教授郭声健、留德声乐博士王苻苻、长笛演奏家吴笈等专家纷纷来校传经授道；南昌科技师范学院交响乐队之《长征组歌》高雅艺术进校园、省青年歌唱家协会“青歌飞扬”、市政协美术家联谊会走进七中等活动丰富多彩，师生足不出校就能感受到四溢的艺术芬芳。

## 三、引进美育柔性人才的成效

自学校大力引进美育柔性人才后，学校艺术工作得到质的飞跃，具体体现在以下几个方面。

一是学校艺术氛围日益浓厚。艺术发展需要丰厚的土壤。由于艺术人才丰富，学校各类艺术活动接二连三，实现了“每月大活动，每周小活动”的良好机制，校园处处洋溢着艺术的气息，给学生艺术素养提升营造了良好的氛围。

二是艺术教育质量大幅提升。由于柔性人才的加入，学校艺术师资力量得到极大加强，有力促进了学校艺术专业教育质量，如 2018 年高考，我校音乐、舞蹈方向本科专业通过率为 100%，录取全国各大音乐学院、美术学院 11 人，为近年人数之最。由于教育成绩突出，七中被九江市教育局评为“高中教学质量管理优胜单位”。与此同时，2018 年学校高中招生异常火爆，招收人数也创近年之最。

三是艺术交流活动成绩骄人。近年来，我校参与全市艺术会演基本囊括一等奖和第一名的成绩，处于绝对领先位置。同时，学校书画作品、合唱团、民乐队、健美操、戏剧队、诵读队、艺术研学等项目在全省赛事中多次荣获一等奖。

## 四、有关建议

1. 要注重对柔性人才教学过程的管理。经常听取学生课后反馈，对个别不适合教学工作的及时予以调整更换，确保教学质量。

2. 坚持费用分担原则。凡学校开设的艺术必修课程，引进教师的上课费用由学校负责；凡因专业发展需要学生自愿提出的专业小课由学生个人承担。

（本文作于 2018 年 10 月，曾获江西省第七届中小学幼儿园美育改革创新优秀案例中学组一等奖、全国第六届中小学生艺术展演活动——中小学美育改革创新优秀案例三等奖，原载于《乐在其中》2019 年第 1 期。）

# “尚美”铸师魂，丹心育桃李

## ——九江市第七中学师德师风建设路径回望

一所地处城乡接合部、生源质量相对薄弱的学校为什么能连续20年获评市高中教学质量管理优胜单位？为什么能被教育部授牌“全国足球特色校”“全国国防教育特色校”“全国篮球特色校”？被省教育厅授予“江西省普通高中特色学校”“江西省艺术教育示范学校”？又为什么能成为2019年纳英特机器人全国冠军校，并培养出了全国优秀共青团员陈可昕等众多优秀学子？这是九江七中带给人们的思考。但答案其实很简单，因为师德，持之以恒的“尚美”师德建设！九江七中始终坚信，培育良好的师德才能优化学校的校风，才能带来师能的提升，才能带来学生的进步，才能带来学校的革新。师德之美就是教育的最高之美，追求“尚美”之师德就是历史赋予七中人的初心与使命。不忘教育初心，牢记育人使命，方能为党为国培育栋梁之才。

## 一、主动作为，有的放矢，让师德之义深入人心

教师是人类灵魂的工程师，是学生思想进步和增长知识的指导者和引路人，教师的一言一行、一举一动无时无刻不在潜移默化地影响着学生。开展师德师风建设必须主动作为，有的放矢。

突出主题，定向突破。多年来，学校师德师风建设每年一个主题，有针对性地解决一个问题。2019年，学校紧扣“不忘初心，牢记使命”主题教育活动，确立了“不忘教育初心，狠抓作风建设”的师德建设主题，以优良作风为主线，解决“怕、慢、假、庸、散”五个方面作风顽疾；2020年，

学校紧扣疫情现实，确立了“坚守教育第一线，做好学生守护神”的师德建设主题，以关爱学生为主线，确保学生不因疫情厌学、不学、辍学；2021年，学校紧扣“建党一百周年”“党史教育”活动、国家“双减”教育方针，确立了“庆祝建党100周年，争做四有教师”的主题，以党史学习、师德专题教育为主线，确保教师不在校外培训机构兼职兼课，从事有偿补课和违规收受礼品礼金。

彰显特色，“尚美”引领。师德建设的有效开展要结合学校实际，要扎下根接地气，不宜失之于空，流之于泛。学校根据多年艺术特色教育的实际，确立了“尚美”文化作为学校工作的总引领，并把“尚美”师德建设作为核心要义常抓不懈，倡导广大教师“以学生为中心”，“向美而行，美益求美”，做“尚美”教师，办师生向往的美好教育。

强化抓手，盯准红线。学校结合实际，制定了《九江七中师德师风“十不为”》，规范教师行为；又针对外聘教师较多的情况，制定了《九江七中教师“一明确五禁止”的意见》，“明确了我校不与校外机构联合办学，更不为校外机构提供生源；禁止在职教师诱导或逼迫学生参加校外培训机构培训，禁止校外兼职教师诱导和胁迫学生参与所在校外机构的培训，禁止在职教师到校外培训机构任教；禁止在职教师对任教班级学生进行有偿家教，禁止在职教师以营利为目的进行小班化家教或教学”，对学校有违教师，一律严肃处理，凡发现聘请的代课教师有违的，立即终止其代课资格。

## 二、创新形式，丰富活动，让师德之美浸染人心

定期学习，以修养德行。编印《师德师风学习材料》供教师学习，并利用宣传栏、公务群、校园网、教职工大会等组织全体教师深入学习师德法规。组织教师学习了全国优秀教师张桂梅、时代楷模黄大年、全国优秀教师支月英优秀先进事迹，组织教师观看了《老师 · 好》《黄大年》《一生只为一事来》等电影。认真学习“四史”，从“四史”学习中汲取师德力量，锻

造师德品质，鼓舞教师激情。

选树典型，以榜样引路。榜样的力量是无穷的。2021 年，学校被评为市师德师风示范校，代爱萍老师被评为九江市师德师风标兵，张明星老师被评为九江市第六届“德艺双馨”教书育人楷模，其先进事迹发表在《九江日报》上，引起强烈的社会反响。学校还举办了“夸夸我的好同事”活动，各年级组选派代表以说唱、模拟颁奖等形式“夸夸我的好同事”，以身边优秀教师事迹感染人、打动人。学校还定期举办“我的高光时刻”教师讲演活动、“我心目中的好老师”学生讲演活动，让教师在喜闻乐见的活动中受到教育洗礼。

警钟长鸣，以教育警示。学校定期组织召开师德警示教育大会，通报中小学教师违反师德师风典型案例，强调全体老师要以案为鉴，依法从教，要求全体教师对照新时代教师职业行为十项准则进行自我剖析，对照查摆自行，钻研教学，关爱学生，严守师德规范与底线。各年级组举办了师德师风剖析会，教师们深入剖析了自己方方面面存在的不足与根源，并提出改进措施。

## 三、以德促能，苦练内功，让师德之利造福学生

师德优良的最终体现应当是“教好书，育好人”。学校通过打造具有战略性、科学性、体系化的教师发展规划，为教师发展助力，打造德能双全的教师队伍，最终造福学生，把学校真正办成人民满意的教育。

读书润心，更新教育理念。学校成立了“日新”读书会、“奔跑的‘蜗牛’”教师社团，定期开展赠书与读书交流活动。《给教师的一百个建议》《静悄悄的革命》《班主任工作漫谈》《学校如何运转》等一部部著作开拓了教师的视野，打破了思想的禁锢，革新了教育的理念，极大促进教学方式的转变，实现教学质量的提升。学校还为每位教师办理了一张樊登读书会员卡，让读书成为教师最大的业余生活，让教师在读书中感受到成长的幸福。

专题研修，破解教学密码。在教学中，新教师遇到问题难免无所适从，老教师遇到问题难免耽于现状，在成长的过程中，总是会碰到这样或那样的瓶颈无法突破，就像一个谜一样无解。学校每周五下午的第三、四节课确定为教师学习发展时间，通过校本研修、日新讲坛、阅读分享、青蓝工程等活动推动教师业务发展，以思想的碰撞寻找问题的破解密码。近年来，学校先后开展了“课堂导入”“如何实现课堂有效提问”“如何有效练习设计”“有效实施，即时评价”“新高考改革下的自我革新”等主题的专题研修，浓厚教研氛围；先后开展了教师业务考试、粉笔字大赛、朗诵比赛等专项技能大比拼，提高业务素质；将“推门听课”“青蓝工程”“青年教师大赛”“名师示范课”常态化，助力教学成长。在2019年全省基础教育优秀教学课例展示活动，初中音乐老师殷大彤、初中生物老师胡友群、高中思想政治老师吴瑶均取得全省赛课一等奖的好成绩，专题研修功不可没。

开放引智，打造“美妙课堂”。定期邀请各学科教研员、优秀同行来校听课、评课，促进教学业务进步。积极选派教师利用假期赴华中师范大学、湖南师范大学、四川师范大学、北京十一学校等参观学习。积极组织教师和学生参加各种竞赛，以比赛促专业成长，机器人、舞蹈队、集体舞、民乐队等多次获得全国全省一等奖，校合唱团获评“江西省高水平艺术团”称号。切实开展“美妙课堂”建设，打造高效课堂。长期对师德师能建设的耕耘，促使我校教师工作质量得到大的提升，学校教育教学工作阔步前行。在刚刚结束的2021年全市教学质量管理工作会议上，我校再次获得“高中教学质量管理优胜单位”和“初中教学质量管理优胜单位”两块含金量十足的奖牌。

总的看来，师德师风建设是一项长期工程。学校只有具备了一大批既有良好师德又有一流师能的教师，才有希望办成真正的优质教育。九江七中在全校教师的团结努力下，也一定能办成一所师生向往的全国知名艺术特色高中！

（本文作于2021年12月）

# 优质教育“优”在何处?

办好公平优质的教育，既是党和政府对教育部门的要求和希望，也是广大人民群众对教育工作的深切期许，因此是所有教育工作者为之努力奋斗的方向和目标。从广义角度看，教育的“优质”与“公平”相比，“优质”的重要性更胜于“公平”。因为，优质的教育大体应该是公平的，而公平的教育却不一定优质。

什么是真正的优质教育？有一点应该是有共识的，那就是仅仅成绩好绝对不是优质教育。那优质教育的“优”又优在何处呢？魏书生先生从中国传统教育中凝练出他眼中的优质教育，即“有教无类，因材施教，寓教于乐，教学相长”十六字，很有些道理。而笔者认为优质教育就是让每一个学生在受教育期间能自由充分地向上生长，让学生在学校成长的相对高度最大化。优质教育大体具有以下特征。

## 一、优质的教育要有先进的理念

思想是行为的先导。一所优质的学校必须由先进的教育理念来统领各项教育工作。比如，北京十一学校的核心价值观是立足于服务学生成长，并通过毕业生为社会服务，同时敬畏教育规律，既不偏离正确方向，也防止走捷径，抄近道；九江七中的核心价值观是“各美其美，美美与共”，等等。理念这东西尽管看起来很虚，但是具有战略性，同时决定具体战术，是办优质教育的根本性、决定性因素。

但理念这东西很怪，理念的更新好比登山，无论攀登者在山脚、山腰或是山顶，都不会认为自己看的风景范围小，只有爬上了山顶，才会发现过去看的都很狭隘，所谓“会当凌绝顶，一览众山小”就是这个道理。因此教育工作者特别是一校之长如果不具备强烈的进取意识、学习渴望和反思精神，不太容易认识到自己办学理念上的不足，反而会按经验办事，沉浸在小圈子里，自我感觉良好。因此，教育工作者一定要养成读书和思考的习惯，读书要多读教育经典著作，有时读透一本经典书籍，教育观念会焕然一新；思考最好的办法是写作，因为写作最核心的是观点，而观点就是思考的结果。

## 二、优质的教育要有优秀的教师

著名教育家梅贻琦说过，所谓大学者，非谓有大楼之谓也，有大师之谓也。教师是学校办学最根本、最重要的因素，只有教师强，才有学校强。

好的教师一定有好的师德，就是有教育情怀、爱岗敬业、勇于创新。古人说，德为才之帅，才为德之资。当下有句话，叫“态度决定一切”，这句话尽管有点偏颇，但也不无道理。任何一所向上的学校都应持之以恒地抓师德建设和教师作风，因为教风决定学风和校风，是立校之基，兴校之本。

好的教师还要有精湛的业务，就是功底扎实，能教善教，注重学习。学校可以采取校本研修、教师讲坛、读书分享、同课异构、课题研究、青蓝工程、外出培训等多种方式帮助教师发展业务，其中校本研修是教师业务发展最为重要、最为持久、最能出实效的方式，应予以高度重视。如九江七中近年来在全校范围内开展了“校本研修”系列活动，每个学期研修一个教学工作主题，如“教学导入”“教学设问”等，引领教师打造“有效课堂”，取得了良好成效。

好的教师还要擅长现代教育技术。当前的教育背景，不懂现代教育技术，说严重点就是半个现代文盲。教师必须善于学习现代教育技术，提高教育教学工作效率，创设智慧课堂乃至智慧校园。

## 三、优质的教育要有优质的课程

广义的课程概念是学校一切教育教学活动的总和。所以说，课程是学校的核心竞争力，这一点毋庸置疑。优质课程一般具有以下几个方面特征。

一是内容上符合“五育并举”的教育方针。习近平总书记在2018年全国教育大会上指出，要努力构建德智体美劳全面培养的教育体系，形成更高水平的人才培养体系。当前我国基础教育存在“重智、轻德、弱体、少美、缺劳”的问题，有的学校问题还比较严重，要引起我们高度重视。基础教育学校要严格按照国家标准开齐开足必修课，不得以任何形式挤占、挪用体美劳等课程，同时根据学校实际开设一定数量的选修课，助力学生全面发展。

二是质量上满足学生成长的需要。什么样的课是好课呢？让学生学会了、学得快、学得快乐的课就是好课。无论哪种课程都要以学生的学习为中心，改“以教定学”为“以学定教”，改“以考评教”为“以学评教”，时刻把学生的成长放在课程教学的中心。最近发展区理论指出，学生在学习过程中采取将学习与合作学习相结合效果最好！要切实改变教师上课“满堂灌”的现象，教学过程中发挥学生学习主动性、积极性、创造性，不断提高课程质量。

三是数量上满足学生的发展需求。我们在生活中购物都愿意去大型超市，因为大型超市里面物品丰富，可选择性大，你能在里面买到自己想买的各种不同品牌不同档次的商品。优质学校的课程就具有同样的品质，据说北京十一学校看起来就是一家教育大超市，它的主要产品就是课程，学生各取所需：4174名学生形成了1430个教学班，每人一张与众不同的课表，全校265门学科课程，只有17门属于必选课程，另有30门综合实践课程、75门职业考察课程。当然，不是每所学校都具备十一学校的条件，但无论如何，都要尽学校之可能去创设、打造满足学生需要的课程“超市”。

## 四、优质的教育要有一流的德育

一流的德育是优质教育的重要内容，没有一流德育的教育一定不是优质教育。清华大学附属中学校长王殿军曾说，作为校长，我常常思考一个问题，就是如何把对考试成绩的追求和人的全面发展结合起来。人全面发展的内涵很多，但首先且最重要的是德。在我们常说的德智体美劳五育中，德育具有统领性、先导性，所谓“欲成才先成人”就是这个道理。因此，德育不但是教育中的重要内容，更是优质教育的试金石，我国有不少高考名校应试成绩不俗，但始终不能被业界认同，一个很重要的原因就是只有分数，缺少德育和其他。

## 五、优质的教育要有丰硕的成果

没有成果就没有说服力。而优质教育的成果主要就是培养了优秀的社会主义建设者和接班人。比如，首批国家级示范高中南京师范大学附中百余年来，培养了5万多名优秀毕业生，校友中既有顾作霖、杨超等革命先烈，也有严济慈、汪道涵、彭佩云、巴金、李国鼎等享誉世界的学者、科学家和政治家，更培养了包括获得国家首届科技进步奖袁隆平在内的52名两院院士，可谓是人才辈出、星光灿烂，赢得各界的广泛赞誉！

当然，除了上述之外，优质教育的要素还有不少，但无论是何种类型的优质教育，它们一定都有一个共同点，无论何时何地都不会改变，那就是：始终把每一位学生的发展放在学校的中心，绝不动摇！

（本文作于2018年7月，曾以《在办优质教育的路上阔步前行》为题载于《乐在其中》2018年第2期，收录中有改动。）

第二篇

# 玉成其美

九江七中的教风为“循循善诱，玉成其美”。本部分收录的文章均为作者与九江七中的学生、家长交流教育相关话题的内容，以期教学相长，故称之为“玉成其美”。

# 树立正确“三观” 助推学生发展

## ——给艺考生家长几点建议

艺考生因其特殊的高考方向，高中期间不仅要学习与文化生相同的文化学科，同时还要学习与艺术相关的考试科目，学习压力不小。为给艺考生提供一个好的学习生活氛围，家长应树立正确的“三观”，即教育观、家庭观和家校观，与孩子和学校紧密合作，共同为艺考生的升学和发展助力。

### 一、要树立正确的教育观

1. 因材施教的观点。多元智能理论认为每个学生都具有多元化的智力体现，只是其组合方式和擅长的领域不同。当我们面对艺考生的时候，也要使用个性化的因材施教的教学观，以及多种多样、以评价促发展的评价观。我们有部分艺考生家长尽管孩子学了艺术，但对艺考存在一定的误解和偏见，认为学艺术是文化成绩不太好不得已为之的，对孩子学习艺术不十分理解、支持，态度消极。俗话说“三百六十行，行行出状元”，只要艺术学得好，一样可以成为社会的栋梁之材。七中的人才观“人人有才、人无全才、扬长避短、人人成才”就是这个道理。因此，艺考生家长们应该支持孩子们对艺术学习的选择，鼓励孩子们像学习文化一样努力学习艺术，争取在高考中考出理想成绩。

2. 学力各异的观点。这里的“学力”指的是“学习能力”。正如同人的天赋各有差异，人的学习能力同样各有差异。有的人读书一目十行，过目不忘，比如我们九江修水籍的近代学术大师陈寅恪，被称为“教授的教授”，曾有英国教授打越洋电话给在中国的他，询问一个关于英国历史的学术问题，陈寅恪当即在电话中告诉他答案在《大英百科全书》某一章某页的某部分，其记忆力超凡。但更多的人同样的书读十遍也不能记全，这都是常见的现象。因此，尽管我们都希望自己孩子的学习成绩好，但是却真的不能“仅以学习成绩定英雄”，要“在学习习惯分高下”。孩子读书学习，只要学习习惯良好，且尽了自己的力量去学习，就应该得到肯定。有的家长认为自己孩子天资普通，学习能力一般，比较沮丧，实则大可不必，因为这个世界上绝大多数还是平凡的普通人，只要有良好的习惯和品质，加上后天的努力，事业成功的比比皆是。而那些天资不凡，最后却成了“伤仲永”的亦不在少数，“龟兔赛跑”的故事真的不只是出现在童话书里。

3. 学历搭台的观点。从我校艺术生现状看，少部分同学高考实力在艺术专业学校或双一流与普通本科之间，更多的同学实力在普通本科与专科之间，也就是说，努力往前一点，可以上本科，稍稍松懈只可能读专科了。值得注意的是，尽管我们提倡“不唯学历”，但学历在一个人人生中的基础性、标志性的作用还是相当重要，家长们应该鼎力支持同学们，让他们在力所能及的情况下克服困难，努力争取到更好的高一级学校学习。

4. 劳逸结合的观点。高中的学习是辛苦的，特别是高三的备考，孩子们压力非常大。因此要特别强调的是，学习是重要的，但比学习更加重要的是健康！要坚持“生命第一”“身体第一”“心理第一”。每天要坚持锻炼一小时，坚持参加学校大课间跑操、眼保健操、课后活动等，保持良好的身体状况。同时，要通过文体活动、向朋友倾诉、向老师或父母求助等方式适当释放紧张的学习压力，如果确实感到难以调整的，学校艺馨楼设有“心灵小屋”，可以让孩子们去那里与专业心理老师进行交流，寻求帮助。

## 二、要树立正确的家庭观

《科尔曼报告》（1966，也叫《教育机会均等报告》）指出：社会经济发展到一定阶段后，学校在儿童学业成功方面的作用并非人们想象的那么大，而家庭及其同伴的影响才是决定儿童学业成就的关键因素。中国也有“自古寒门出贵子，从来纨绔少伟男”的说法。这些都充分说明家庭对于孩子成长的极端重要性。因此，家长们要在家中努力营造适应孩子成长的良好氛围。

一要平等对待。不能认为孩子为自己所生，自己都是为了孩子好，加上孩子又是未成年人，就认为孩子对大人的话必须言听计从，唯家长马首是瞻。其实，每一个生命来到这个世界都有自己独特的理由和独立的追求，每个人都希望过上自己想过而不是父母想过的人生。父母在生活交往中应充分尊重孩子，平等相待，交流中要让孩子充分表达个人想法，并尊重其合理选择，唯此培养其自信、思考、独立、自主的精神品质。

二要办事民主。法兰克福·罗斯福指出，我们不能总替孩子建筑未来，但我们可以教育出主导未来的孩子。不少父母总是理直气壮地打着“都是为了你好”和“你还是个孩子，你懂什么？”的幌子，在对待孩子过程中大搞“一言堂”，完全不考虑孩子的感受，这是非常不妥当的。在家庭事务特别是和孩子相关事情上，应充分听取孩子的意见，有事商量着办，有的时候还要合理让步，才能取得好的教育效果。比如有的孩子有玩手机游戏的习惯，家长发现后不能简单一刀切地予以制止，这样很容易引起孩子逆反。可以通过与孩子商量，比如每周周末在作业完成的基础上可以有时间控制地玩，这样孩子容易接受，且利于执行。

三要氛围和谐。家庭氛围对孩子健康成长和快速发展影响重大。研究表明，家庭和睦的孩子情绪更稳定，遇到挫折有更强的抗挫能力，更容易成为所谓的“别人家的孩子”（学霸）；反之，家庭不和睦的孩子更容易出现各种各样的心理问题，导致行为失常，在学习上更容易分心，遇到困难更容易放弃。因此，夫妻双方要为营造和谐家庭氛围共同努力，不宜当着孩子的面吵架、生气等，确需沟通的可以避开孩子私下交流。

四要学会沟通。在和孩子打交道方面，有的家长是“老办法不管用，新办法不会用”，沟通效果不佳。有的家长因为工作忙压力大，回家后对孩子开口不是说教就是指责，结果是家长心烦气躁，孩子不厌其烦。在和中学生沟通方面，我的建议是“学会倾听”，家长要做的是营造良好氛围，打开孩子心扉，静静聆听孩子的心声。特别是当孩子内心充满烦恼时，他需要的不一定是好参谋，而是一个好听众。通过倾听，不但孩子的思想、心态、烦恼、学习状况等一目了然，甚至解决的办法都呼之欲出。很多时候，孩子不是不知道该怎么做，而是没办法坚持做好，他们需要的是自我检视和家长的默默支持，孩子的倾诉和家长的倾听恰恰提供了这样一个良好机会。

五要文明陪伴。有道是“陪伴是最长情的告白”。在家庭教育方面，陪伴同样是最长情且最重要的，对于青少年来说，父母的陪伴是其莫大的精神支持和学习榜样。需要注意的是，家长在家中陪伴孩子方式应尽可能与孩子学习相匹配，比如与孩子一起读书、看报、学习等，尽量避免看电视、大声聊天甚至打麻将等娱乐活动。

## 三、要树立正确的家校观

苏霍姆林斯基曾说过：“若只有学校而没有家庭，或只有家庭而没有学校，都不能单独地承担起塑造人的细致、复杂的任务。”因此，家庭和学校密切合作是科学育人的必由之路。

1. 要树立“家教第一”的观点。“家教第一”是指在青少年的教育中家庭教育是排第一位的，是最为重要的。陶行知指出，教育是家庭、学校、社会共同的责任，而父母是孩子最早的启蒙老师，更是最重要的人生导师。科学研究指出，12岁以前的儿童，家庭教育对孩子的影响远大于学校教育，即便12岁以后，家庭教育对孩子的影响依然不可小觑。孩子的性格、习惯、兴趣等基本都源自家庭，后天的改变十分不易。有人说，孩子的竞争归根结底是父母的竞争，此话尽管有夸张之处，但也确实反映出家庭教育在孩子成长过程中的巨大影响力。因此，父母要想把孩子培养成什么样的人，自己最好先成为这样的人。特别要引起家长们注意的是，家庭提供给孩子的物质优越，并不一定让孩子心理充实。同时，要学会接受平凡，接受孩子成长过程中“健康＞德行＞分数”的基本观念。

2. 要树立“家校合作”的观点。家校合作的目的在于构建起师生共同成长的平台，形成支持性发展环境。家校合作有利于教师了解和理解学生，从孩子的名字到生活习惯、性格特点、思维方式、兴趣爱好、心理历程、知音伙伴、上学路径、家长期望等，然后在教育工作中尊重差异，发展差异。因此，家长们一定要认识到家校合作的重要意义，积极主动配合学校的教育行为，主动沟通，交换信息，为教师全面了解理解孩子提供支持。同时，教师和父母在教育过程中，要高度关注孩子的伙伴，伙伴对青少年来说有着特别的意义。同伴可以满足儿童归属和爱的需要以及尊重的需要，可以提供学习他人的机会，可以从同伴那里获得信息和参考架构等，因此，伙伴对孩子的成长影响应引起足够关注。

（本文作于 2021 年 10 月）

# 中考前家长如何做好孩子学习的“配角”

中考虽没有高考受社会各界关注的程度高，但对江西家长而言，受高中普职分流的政策影响，中考愈来愈受到家长们的重视。甚至有家长说中考的重要性甚于高考，因为普高的录取率是50%，而只要上了普高，上大学的录取率在95%左右。那么，中考之前，家长如何做好孩子的“配角”，为孩子营造良好的学习成长环境呢？以下几点值得家长注意。

## 一、耐心倾听

“倾听”与“听”不同，它是“用心”去听。不少家长自孩子小时候起，就习惯于向孩子说教，而不习惯倾听孩子的心声。例如孩子小乐回来对妈妈说：“妈妈，我这次数学考试考砸了”，小乐妈妈回答道：“这初中数学就考砸了，以后高中咋办？”小乐听了妈妈这话则心情沮丧，无言以对。如果小乐妈妈换一种方式说：“孩子，你是不是在数学上遇到了什么困难，需要爸妈的帮助吗？”小乐也许就能说出心中的苦恼和烦闷，有利于学习困难的化解。

做到耐心倾听首先要放低姿态，父母要认识到无论多大的孩子，都希望得到身边人的关注和重视，特别是初中时期的学生正处于青春期，有着强烈的主体意识，希望被“认可”，被“尊重”，父母应放低姿态，以平等视角切入谈话效果会比较好。其次耐心去听，无论孩子讲什么，当他愿意和父母交流的时候，父母要特别珍惜交流的机会，耐心听完孩子的讲话，从中掌握孩子的心理变化和成长动态，这不仅有利于下一步的教育，也有利于孩子的情感交流和"感受父母的爱"。有的孩子刚开口说一句话，父母就粗暴打断说："我知道你要说什么，不用说了，赶快去干就好了。"这让孩子无法与父母进行深度交流，甚至使孩子逐步放弃与父母交流。最后是不早下结论，倾听时不要急于下判断，提出自己的观点，先尽可能站在对方的角度去理解孩子，有的时候倾听的过程比结果更重要，孩子能从你倾听的过程中得到情绪的舒缓和理性的判断。

## 二、共订计划

有一个好的学习生活计划对学生加强自我管理，合理利用时间，提高学习效率有保障作用。制订计划，一要内容详细，对每天、每周、每月、每学期的时间都做好详细安排，这样有利于统筹时间，全面推进；二要共同商定，计划以孩子为主，父母参考，共同商量着确定，共同商定的计划孩子执行愿望相对比较强烈，容易取得好的效果；三是合理让步，在和孩子商量过程中，有时家长要根据孩子需求做出一定的合理让步，比如孩子一贯喜欢玩手机，考前提出仍然要玩，这时家长如断然拒绝，可能孩子不能接受，计划也就难以落实，可以适当让步，但从时间上予以限制，这样既满足了孩子游戏需要，又保证了主要时间用于学习；四要注重效率，告诉孩子学习效率的高低不在于学习时间的长短，而在于学习时的用心程度；五是重在落实，家长要关注孩子执行学习计划情况，对执行中发生未到位的情况及时提醒，力争取得好的效果。

## 三、多点鼓励

美国心理学家罗森塔尔于60年代末期通过实验研究发现，如果教师认为某些孩子聪明，对他们有积极期望，认为他们以后智力会发展很快，那么若干个月后，这些孩子的智力果真得到了较快、较好的发展。相比之下，没有得到教师这种积极期望的孩子智力的发展并不明显。而两类孩子原来并没有什么差别。两类孩子几乎是在完全相同的教育环境中成长。因而，他们智力发展的差异只能由教师期望的不同来解释。“期望和赞美能产生奇迹。”这种效应被称为罗森塔尔效应或是皮格马利翁效应。因此，父母在陪伴中应多给一些积极期望，有利于孩子的智力发展。

## 四、培养抗挫

无论如何，中考都是孩子学习生涯中一次较为重要的考试。因为中考在即，初三的学业压力相对于小学和初一、初二都大了不少，具体体现在“三多一少”，即课程多，作业多，考试多，休息时间少。在这种背景下，孩子出现成绩上的波动或是情绪上的低落都是常见的情况。父母这个时候一定要告诉孩子，失败是人生中的常态，失败不可怕，可怕的是不能从失败的阴影中走出来。好钢都是经历过千万次的锤炼，只有具备良好的抗挫意识、吃苦意识、学习意识，做好承受压力、经受挫折、忍耐寂寞的心理准备，才有可能在中考中脱颖而出。

## 五、重视错题

中考是对九年义务教育的综合检验，基于其普及性，中考题目总体上比较基础，难题不多，一般不超过总分的 20%。因此，中考复习只要抓住了学习主渠道，效果就会令人满意。具体是做到“四抓”，一是抓住课堂，课堂听懂课后轻松；二是抓住课本，中考 70%以上的考题来自课本；三是抓住练习，百闻不如一见，百看不如一练；四是抓住错题，建立错误档案，让错误变成财富。错题往往是孩子学习上的薄弱环节，也是中考中容易失分的知识点，家长要特别提醒孩子建立一个错题本，对曾经的错题进行认真分析，找出不足，解决问题，亡羊补牢。根据以往经验，错题纠正得好，对提高学习成绩效果明显。

## 六、心态阳光

决定孩子中考成功的主要因素有两个，知识水平和心理素质。有不少学生在大考中发挥失常，往往是因为考前失眠、感冒、拉肚子等，这都是心理压力过大，心理调试不佳造成的。因此，考前家长在家中要传递积极情绪，多陪孩子一起散步、聊天、放松，尽量不要在孩子面前发牢骚，把自己的负面情绪带给孩子。要引导孩子认识到只要考出自己真实水平就是成功，不要对中考抱以过多过高不切实际的期望。

## 七、收集信息

由于孩子在备考期间时间往往较为紧张，家长这时可以帮助孩子做些辅助性工作，以便在关键时刻能提供参考。一是多与教师沟通，了解孩子在学校的学习情况，掌握孩子的思想动态，结合其在家表现可以更完整准确地了解孩子当前的学习状态，发现了问题可以第一时间进行干预，防患于未然；二是关注当年时政大事，收集相关资料，利用业余时间多与孩子进行交流探讨，因为这些内容很可能成为语文作文或是文科方向的考题方向或是背景资料；三是收集中考招考信息，招考工作政策性强，牵涉面广，且经常会根据当年情况进行调整，家长在中考前要有意识地收集学习相关政策，做到心中有数，并根据孩子学习情况拟草报考预案，便于在报考时节省时间，从容报考，并减少忙中出错的现象发生。

当然，最重要的还是家长要树立正确的人才观，九江七中的人才观是“人人有才，人无全才，扬长避短，人人成才”，世界上的不同花朵开放的时间和形态都不一样，但各有各的风采。人也一样，不是每一个孩子都适合文化类学习和发展，只要他们找到了适合自己学习发展的方向，平时注重品格和习惯的养成，一样会成为新时代的栋梁之材。

（本文作于 2022 年 2 月）

# 如何开启高中三年学习生活?

高中是我国九年义务教育结束后高一级的教育机构，上承初中，下启大学，它既有基础教育的“固本”功能，也有为高校输送生源的“选拔”功能，被广大家长学子重视。九年义务教育之后，很多青少年朋友怀着对高中生活的憧憬期待着高中的学习生活。如何正确开启高中三年的学习生活，让青春年华绽放光彩，笔者认为做好“三项功课”有利于高中生活的顺利推进。

## 一、一定要想清楚自己要去哪里

著名的哲学三问提到：“我是谁？我从哪里来？我要去哪里？”其中第三问就是提醒我们要想清楚自己的人生目标或者理想是什么。有了目标前行才有意义，没有目标的人生是可怕的。一艘船在大海中，如果没有目标，它可能就会随波逐流、原地打转，直至沉入海底。沉没的原因很简单，因为它没有目标。

江西省自2021年起实行新高考，为帮助广大高中学生在后期顺利选课走班，广大高中学校都开设了职业生涯规划相关课程，目的是使学生认清自我，尽早想清楚“自己要去哪里”。同学们的理想可以是成为袁隆平、钟南山、陈薇以及北斗三号导航卫星首席总设计师谢军这样的科学家，也可以是齐白石、张大千、闫肃这样的艺术家，还可以是教师、医生、社区工作者、厨师、企业家等，不论特别与平凡，不论富贵与贫贱，有一个自己追求的目标，高中生活就迈出了成功的第一步。

尼采曾经说过，一个人的荣耀不在于他来的地方，而在于他要去的地方。意思就是说，一个有理想的人，是值得荣耀的。2020 年湖南考生钟芳蓉因报考北京大学考古专业而引起广泛关注，我想她备受关注的原因不是她高考考分有多高，也不是报考了北京大学，而是因为她是一个有着个人理想且坚定追寻的人。

## 二、一定要弄明白自己如何去往目标

当有了目标后，就要朝着目标前行。如何前行，就是八个字："优化学法，稳中求进！"

首先要优化学法。初中属义务教育阶段，其课程强调普及、注重基础，知识难度不大，宽度有限，对初中同学思维深度要求不高，因此多数初中同学学习显得比较轻松。而高中不同于初中，课程广度和深度大幅增加，课程进度也快于初中，因此对高中学生的学习能力和思维能力都提出更高的要求，如不及时优化调整学习方法，步入高中极有可能会出现"不适应"的现象。

优化学法要特别注重四个学习环节：一是课前提前预习，进入高中后，文科课程内容体量大增，如语文的阅读量、英语的单词量都较初中为多，理科学习内容的难度、深度增加，如不提前预习，课堂有可能跟不上学习节奏，导致效果欠佳；二是上课认真听讲，教育圈里有句话叫"课比天大"，学生上课听懂了会节省课后大量的时间，所谓事半功倍，一定不能养成"上课浑浑噩噩，下课花钱补课"的习惯；三是课后复习归纳，对当天学习内容进行复习，对重点内容重点消化，对没弄懂的内容一定要下功夫吃透，实在有困难的标记出来，第二天找机会请教老师或同学，务必做到日学日毕；四是闲暇大量阅读，人文、科学等经典著作均可涉猎，阅读会极大丰富人的精神世界，对高中学生的成长意义重大。

其次要稳中求进。高中三年的学习时间不短，不可能一蹴而就。要像长跑者一样，根据自身情况设定基本的跑速，让身体体能跟得上跑步进度，同时在关键时刻提速冲刺，追求好的成绩。有一个定律叫“鸭子定律”，我们看鸭子在水面游动似乎毫不费力，实质上鸭子两只腿在水下面一刻也没有停止游动。这个鸭子定律说明，你必须拼尽全力，才能看上去毫不费力。没有什么人生开挂，不过都是厚积薄发。人拼到最后，拼的不是运气和聪明，而是毅力。

## 三、一定要铁下心改进学习作风

一支部队，没有好的作风，是不可能打胜仗的。学习、学校同样如此。学习是一个持久、辛苦的过程，高中生如果没有好的学习作风，不可能会取得好成绩。除了高中学习作息、上课、作业、锻炼等基本作风要求外，要特别注重以下三个方面。

一是学习状态上要主动学习而不是被动学习，主动学习和被动学习的最大区别在于主动学习的动力来自学习者本身，而被动学习则来自学习者以外，因此主动学习的效率往往高于被动学习，高中生一定要认识到学习是自己内在需要和发展的需求，唯有此才能有效提高学习效率；二是时间安排上要松紧有度而不是一曝十寒，作息时间要规律，做到起居有常，劳逸结合，不因课业多少而随意改变生活规律，导致学习效率下降；三是要把智能手机作为学习工具而不是游戏工具，严格遵守教育部关于手机管理的有关规定，决不能因为手机游戏耽误了青春年华。

尼采说，不能听命于自己者，就要受命于他人。自控能力的强弱，决定了一个人人生的高度。一个放任自己欲望的人，必定一事无成。我想，只要新入高中的同学们能尽快确立学习目标，优化学习方法，改进学习作风，做一个自强、自励、自觉的新时代读书人，高中三年学习生活定会成为你们的难忘之旅、圆梦之旅！

（本文作于 2021 年 11 月）

# 做到三个“注重” 高中领先一步

高中上连初中，下启大学，既是对基础教育教学总检验的收官阶段，也是高等教育选拔人才的重要关口，历来受到广大学子家长的高度重视。对于江西省2021届高一同学来说，新高考带来的新变化、新冲击则更加令人心怀忐忑，惴惴不安。如何适应高中阶段的新学情和选考走班的新形势，在高中从容度过甚至领先一步，笔者根据多年从教经验，建议高中学子们要力争做到三个“注重”。

## 一、注重职业生涯规划

职业生涯规划是当前的热词，也叫“职业规划”“生涯规划”或“人生规划”，它是对个人职业生涯乃至人生进行持续的系统的计划的过程。对于高一同学来说，就是要根据自己的实际情况，想清楚以后从事什么职业，并根据这个职业特点对高中的课程进行选课学习。多数高中学校在高一年级专门开设了职业生涯规划课程，以便于对高中新生开展职业规划指导。

职业生涯规划首先要对自己进行分析。你喜欢什么？你擅长什么？有没有发展的潜力？这些是规划考虑的三大要素，客观分析自我，尊重内心追求，才能规划好自己的人生。在操作方法上也可采取5个“W”的思考模式进行自我分析，问自己5个问题，分别是“我是谁”“我想干什么”“我能干什么”“环境支持或允许我干什么”“自己最终的职业目标是什么”，通过系列分析，找出基本想法。

其次要积极参与职业体验。人学习的目的就是要走向社会，选择职业，发展事业，实现价值。参与职业体验有利于深入了解职业特点，并重新观照自己的规划选择，从而达到明确当前不足、调整学习方式甚至是优化规划方向的目的。比如你长大想当一名工人，你可以利用假期到工厂见习实践，了解工人的工作模式，体会他们的责任与担当，感悟他们的辛苦与快乐，从而找出自己学习的方向和差距，甚至也可根据实际对规划重新进行定位和调整。

最后要选择合适课程。选择适合自己的课程至关重要，中国著名教育家顾明远说过“适合教育是最好的教育，也是最公平、最优质的教育”。什么是适合教育？就是个性化教育，针对不同人的不同情况因材施教，促进其成才的教育就是适合教育，而适合教育最核心的因素就是适合且个性化的课程。江西省新高考执行的是“3+1+2”模式，共有 12 种选课模式，高中同学在对自己职业生涯进行规划后，可以根据职业方向选择对口的课程，一般高中学校会给予一到两次课程选择和调整的机会。

## 二、注重强化自主学习

与初中相比，高中阶段的知识体量更加广博，理论更加抽象，逻辑更加严密，辐射更加宽广，对高中同学的记忆能力、思维能力、分析能力、创新能力等要求更高，这就要求高中同学改变以往初中跟着老师“亦步亦趋”的学习方式，加强自主学习。

强化自主学习首先要改进学习方法：学会广泛阅读，厚实根基；学会以我为主，提前介入；学会提纲挈领，找准关键；学会举一反三、触类旁通；学会总结规律，融会贯通；学会课后反思，扬长补短，这样才能有效提高学习的效率和质量。

强化自主学习其次要坚持修养内心。欧阳修曾经说过“不修其身，虽君子而为小人”。意思是说如果不注意自身的道德修养，哪怕读书不少，也会变得品格低下，为人不齿。对于高中同学来说修身最切实的办法就是择善而交，通过善友相互勉励来增长德行，培养志趣。如果有一天你发现自己的好朋友都在逃学、玩游戏、谈恋爱，那你离欧阳修说的“小人”已经不远了。

强化自主学习还要注重培养特长。上海有一所著名的中学叫建平中学，他们培养学生的目标是“合格＋特长”，就是要求每一个毕业生都成为符合现代社会要求的合格公民，同时每一位学生都有一技之长；九江七中也有校本课程叫“九会一特长”，用以培养学生的兴趣特长。高中同学在学校不仅要读好书，而且要利用选修课、兴趣课、社团课以及课余时间培养和发展自己的兴趣爱好，若干年后，你也许会发现，这一技之长不但会让你的生活充满情趣，更有可能成为你的安身立命之本。

## 三、注重个人自立自强

首先要培养独立精神。被称为“清华大学教授之教授”的国学大师陈寅恪（九江修水人）曾经说过“唯此独立之精神，自由之思想，历千万祀，与天壤而同久，共三光而永光”。高中阶段是青年学子世界观、人生观、价值观形成的重要阶段，要逐步培养自己独立思考、独立学习、独立生活的能力，不能过于依靠父母和老师，不能人云亦云，随波逐流，要坚持向美而行，止于至善。

其次要坚持知行合一。著名教育家陶行知原名文濬，43 岁时他在《生活教育》上发表《行知行》一文，认为“行是知之始，知是行之成”，并改名陶行知。由此可以看出陶行知认为知识的学习源自“行动”“实践”，决不能仅仅是“闻知”，从师得来，或是从书本得来。因此，同学们在高中阶段不仅要注重理论知识的学习，同时要多参与学术实践、社会实践，向生活学习，向实践学习，向社会“大课堂”学习，所谓“读万卷书不如行万里路”就是这个道理。

最后要勇于探索未知。哥白尼曾说过，人的天职在于勇于探索真理。

英国的哲学家罗素对人为什么活着有独特的理解，他认为他活着主要理由有三：对世界未知的追求，对人类苦难不可遏制的同情和爱。这个世界有太多的未知等待青年学子去探索去开发，其意义重大，其乐趣无穷，值得我们用毕生去热爱和追求！

高中三年尽管不长，却是人一生中至关重要，为人生奠基的关键三年，需要青年朋友用心对待，认真把握。如果说青春如同广阔无边的草原，梦想就好比奔跑不息的骏马，只要青年朋友能以梦为马，一往无前，就一定能在人生赛道上一马当先，马到成功，谱写一曲属于自己的绚丽多彩的青春之歌。

（本文作于2021年12月）

# 如何提高学习效率？

唐代著名的江西籍诗人王贞白在九江市庐山脚下的白鹿洞书院求学时，曾写下了著名的诗句“读书不觉已春深，一寸光阴一寸金”。作为以学习为主要任务的同学们，如何利用好每一天乃至于每一节课的时间，提高学习效率，提升学习成绩，是大家关心的话题。那么如何让学习实现高效，笔者依据个人经历跟大家分享四点体会和建议。

第一，明确目标。有目标才有方向，有目标才有动力，有目标才会有“积跬步以至千里”的收获感，因此，同学们在学习前一定要花时间想清楚这件事。它虽然务虚，却能激发长久的动能。人要有长远的理想，这是人生的灯塔，比如现在中学开设的职业生涯规划课程，就是要同学们根据自身实际，明确自己的职业目标，从而有针对性地选科、走班、学习。人也要有近期的目标，这好比是前行的路灯，比如每个学期，同学们可以给自己定一个进步的小目标，平时就咬准这个目标去下功夫，坚持不懈，必有所获。

第二，刻苦自律。有道是行动即雄辩，行动造就差异。确定好目标之后，接下来就看行动了。可以给自己定一个“以学习为中心”的合理的每周作息时间安排，包括学习、作业、健身、睡眠等，然后就努力践行，形成习惯。爱迪生曾说，成功就是99%的汗水加1%的灵感。这世上没有随随便便的成功，同样没有随随便便的优秀，所有的优秀和成功都是建立在大量付出基础上的。而自律是发展自我、成就事业、奉献社会的基础。日常校园生活里，特别需要我们自律的至少有四件事：考勤，课堂，作业，手机。考勤自律就是不能迟到，有老师做过数据统计，迟到较多的同学绝大多数成绩都不理想，而成绩好的同学中绝大多数都不怎么迟到，成绩其实是自律的自然而然的结果。课堂自律就是认真听讲和做好笔记。笔记很重要，“好记性赛不过烂笔头”。根据艾宾浩斯遗忘曲线，人的遗忘规律是先快后慢。白天所学，当晚就只记得不到三分之一了，所以，记笔记是保留记忆最好的辅助工具。作业自律就是要杜绝抄袭。抄作业肯定贻害无穷的，确实不会做的可以空在那里，或者找老师同学请教，然后自己再去独立完成。手机自律就是要遵守学校规定，不要在学校学习期间使用智能手机。

第三，善于学习。善于学习要做到以下几点：一是弄懂，所谓“懂”，就是上课听得明白。如果上课听懂有困难，建议抽时间做好预习、复习或是及时请教教师，但一定要懂，否则后续学习就会困难重重。二是要专注，就是要抓紧学习的每一分钟，而不是抓紧每一分钟学习。在学习的时候集中精力，全力以赴，绝不三心二意；在休息的时候全身心放松，调整状态，补充能量。三是思考。所谓“思考”，是进行分析、综合、判断、推理、概括等思维活动。在学习中，分析“是什么”“为什么”“怎么办”，将知识进行前后关联，对概念进行细致消化理解，研究怎么迁移运用等，都是特别重要的思维行为。四是阅读。多读书是帮助我们提升综合素质的最佳途径。

第四，学会协作。人是社会性动物，对群体的依赖程度可能有差异，但具有依赖性是必然的。学会协作就是学会与身边的人共同生活学习，没有人是所谓的超人，遇到困难同学们可以主动向父母、老师、同学、朋友求助，相互交流、相互合作，也许就会“柳暗花明又一村”。

愿亲爱的同学们在学习的道路上学有所获，学有所乐，燃烧青春，点亮未来！

（本文作于 2021 年 10 月）

# 习惯决定未来

奥维德说，如果你希望出类拔萃，也希望生活方式与众不同，那么，你必须明白一点：是你的习惯决定着你的未来。培根也曾说过，习惯是一种顽强而巨大的力量，它可以主宰人的一生，因此，人从幼年起就应该通过教育培养良好的习惯。

要培养良好的学习习惯。良好的学习习惯有助于青少年学习事半功倍，好的学习习惯有哪些呢？比如课前预习、认真听讲、积极发言、课后复习、独立作业、认真书写、复习归纳、主动学习、大量阅读等，这些看似普通的做法其实蕴含着巨大的力量，青少年朋友只要形成并坚持这些好的学习习惯，学习效果定然会有大的提升。

要培养良好的行为习惯。孔子曰：少成若天性，习惯如自然。良好的行为习惯有助于同学们更好地投入学习，养成良好的品格。比如起居有常、定时作息，保持充足的睡眠时间；每天锻炼一小时，保持良好的身体状态；每次读书 45 分钟后放松眼睛 10~15 分钟，保护好视力；把手机作为学习工具，而不是娱乐工具；上学不迟到早退，积极搞好班级和公共卫生；不染发不化妆，男女同学交往不能过密；等等。

要培养良好的卫生习惯。好的卫生习惯会让人终身受益，特别是在当前新型冠状病毒流行期间，更为必要，不可有半点疏忽大意。青少年朋友出门务必记住：戴口罩、测体温、常通风、少聚集、常洗手、一米间、勤洗澡、保清洁。

我国教育家陈鹤琴先生说过："习惯养得好，终生受其益，习惯养不好，终生受其累。”家长和教师都要高度重视青少年良好习惯的养成，把它作为教育中的大事来抓，积极引导他们规范行为，改掉坏习惯，建立好习惯，让好的习惯伴随孩子们的成长，让好的习惯助力孩子们成功！

（本文作于 2021 年 10 月）

# 立己达人

## ——给 2016 届高三毕业生的公开信

亲爱的同学们：

世界这么大，你们早想去看看。中学毕业不是一个结束，而是你们人生旅途的一个新起点。站在新的起跑线上，我想送你们四个字——“立己达人”。

立己达人，通俗地讲，就是坚持不断完善自己，让自己和身边的人感到幸福。

那么，如何立己呢？

一是要有健全人格，成为诚实自信独立的现代人。有了诚实的品格，你的行为会处处受人尊敬，你的努力会使梦想成真，你的胸怀会装得下整个世界。有了自信，即使遇到挫折，你也会愈挫愈勇，最终赢得胜利。有了独立的人格，你会自己面对一切真实情况，接受一切不完美，承担自己应承担的社会和家庭责任，做真正的自己。

二要有艺术情怀，成为不平庸的人。“生活不只眼前的苟且，还应有诗和远方。”希望你们细心品味生活，培养高雅的情趣和爱好，保持高尚的生活追求和崇高的人生理想，在每天的生活中寻找点点滴滴的快乐，积累汇聚成幸福快乐的人生，并积极与自己的家人、亲人、朋友分享自己的快乐，让幸福感在你身边、在整个社会传播。

三是要勤学不辍，成为学习的表率。最可怕的竞争对手，不是智商最高的人，而是坚持不断学习的人。高考结束了，但人生的大课堂才刚刚开始。同学们要养成读书的习惯。精读专业书，博览文史哲，成功者大多是阅读者，出色的领导大多是阅读者，阅读能使我们更清晰地思考、分析、辨别。学习不光是向书本学习，更要学会向生活学习，向身边的人学习，向实践学习。

那么，又如何达人呢？

一是要学会尊重别人。尊重别人的意见，尊重别人的信仰，尊重别人的生活方式，要特别学会尊重与自己持不同意见的人，尊重自己不喜欢的人。

二是要学会换位思考。换位思考是人与人交往的基础，多多体会对方的内心感受，从对方的角度上去思考和处理问题，这样就可以善解人意，消除隔阂，赢得更多人的理解和支持，你的人生旅途就会出现更多惊喜。

三是要学会帮助别人，让别人因我的存在而感到幸福。做儿女，要让父母幸福；做伙伴，要让朋友快乐；做公民，要让社会更美好。

同学们，你们长大了，你们将在更广阔的天空展翅翱翔。请你们记住，七中永远是你的家。校园里的小路有你的足迹，校园里的香樟萦绕你的琅琅书声，严慈相济的班主任和科任老师们铭记着你，无论过去、现在，还是将来，他们都牵挂着你。无论你行走在何时何处，九江七中所有的目光都关注着你。我们期待与你们再相遇！

祝福同学们在未来的人生航程中，一帆风顺，鹏程万里！

2016年6月11日

# 向学 向真 向善 向美

## ——写给 2017 届高三毕业生的公开信

亲爱的各位同学们：

又到六月！火热的六月对于七中来说，既有收获的喜悦，又有淡淡的离愁！因为你们学成毕业，即将走出校门，展翅高飞！世界这么大，你们早想去看看。今天，你们已经骑上骏马，即将远行，作为校长，我想借此机会提三点建议，送上一程，希望对你们未来的行程有所裨益。

### 一、要坚持做一个学习不辍的人

学习不辍就是要终身学习。高中的学习是辛苦的，不少同学进入大学或社会后认为是时候休息休息了，睡懒觉，上网吧，谈恋爱…… 同学们，高中以前的教育都是基础教育，只是给同学们未来打底子的，真正意义的学习特别是有针对性的自主学习才刚刚开始。你们一定要记住，当下的社会是信息知识大爆炸的时代，哪一天你停止学习，那就是你失败的开始。

学习不辍要选准方向。学习方向很重要！什么是方向，就是你感兴趣且有一定基础和潜质的东西。马上同学们就要填报志愿了，我的建议是一定要首先选择自己感兴趣且有基础的专业，然后再考虑学校，这一点至关重要！选对了专业，可以说你就有个好开始，就成功了一小半，剩下要做的就是坚持走下去。根据一万小时定律，坚持一个方向用心学习三年，你就是高手，坚持三十年，你就是专家。

学习不辍还要注意方法。知识的海洋是无垠的，而人生是有限的，因此我们学习一定要善于抓住你最需要的东西，不能眉毛胡子一把抓，同时同学们无论学什么专业，一定要读点人文经典，丰富我们的文化底蕴，这将对我们今后大有裨益！

## 二、要坚持做一个勇于担当的人

勇于担当就是要敢于负责。作为成人，你们要学会遵守这个社会的游戏规则，所谓自由，都是在一定规则内的自由，这个世界上从未有绝对的自由。因此，你们遇事要三思后行，对自己的言行负责，对自己的未来负责，对自己的家庭负责。

勇于担当就是要敢于求真。季羡林说过，做人要说真话，不讲假话。假话全不讲，真话不全讲。就是不一定把所有的话都说出来，但说出来的话一定是真话。

勇于担当就是要敢于认本。什么是本？就是我们的根本，比如，我们曾经是七中人，是九江人，是中国人。最近，网上有个姓杨的昆明女学生火了，她在美国马里兰大学毕业发言时为博取异国的追捧而抹黑自己的祖国和家乡，殊不知，一个不认本的人最终是不会有任何人认可，除了暂时的利益交换。

## 三、要坚持做一个关心他人的人

关心他人首先要学会换位思考。现在很流行的一句话是，在社会上打拼，情商重于智商。什么是情商？我的理解就是换位思考，善解人意。一个只注重自己感受而不关心他人的人在任何时候任何地方都不会受到欢迎。

关心他人要学会帮助别人。人生路上每个人都会遇到困难，在他人遇到困难时主动帮一把，是一种美德，同时也是在为自己种下善因，也许某一天，你会发现，有意想不到的惊喜正源自过去你对他人的帮助。

关心他人还要学会尊重别人。尊重别人的意见，尊重别人的信仰，尊重别人的生活方式，要特别学会尊重与自己持不同意见的人，尊重自己不喜欢的人。

同学们，离别的祝福往往是美好的，而生活却一定不会一帆风顺，当你们在未来的某一天遇到挫折时，千万别气馁，更不能自暴自弃，因为水烧到 99℃不算开，最后只要再加热 1℃，就能突破物理形态的临界线，从液态变为气态。

最后，真诚祝大家在今后的日子里“向美而行，乐在其中”，美是美好的美，乐是快乐的乐！意思是只要我们坚持向着美好进发，快乐一定伴随左右。

2017 年 6 月 12 日

# 一切才刚刚开始

## ——给 2018 届高三毕业生的公开信

亲爱的同学们：

每年高考结束，学校都要送走一批批高三学子。作为老师，望着他们即将离去的背影，难免心生感慨。记得几天前的高三毕业合影，高三（1）班的一些同学碰到我，兴奋地齐声向我喊道："校长，我们毕业啦！"我笑着回答道："是的，你们长大了，不过一切才刚刚开始！"

一切才刚刚开始？是的，亲爱的同学们，回望我们走过的路，虽然我们在校园里度过了 12 年甚至 15 年之久，时间不可谓不长，有的同学甚至感觉相当漫长，渴望长大。那为什么说一切才刚刚开始？因为，过去的日子你们都是在家长和老师的陪伴下为今后的远行打基础、做准备，爸妈的叮咛、老师的教导都是希望给你们备上更多的粮草和装备，希望你们在今后的日子里有足够的本领保护自己、发展自己、成就自己。

18 岁，一切才刚刚开始！

远行之际请你们记住，成人意味着责任！我相信，过去很多同学都对爸妈说过这句话，"爸妈，你们少说几句，我长大了"。今天，你们真的长大了，成人了，但你们可知道，成人意味着什么？责任！责任！还是责任！你们的所作所为必须对自己的人生负责，因为你是成人！你们必须对家庭、对父母负责，因为你长大了，父母却一天一天老去，你必须负责！你们必须对社会负责，社会是由一个一个的人组成的，如果你希望生活在一个和谐美好的社会，你必须从自己做起，只有每个人都做好自己，世界才会变成美好的人间。

远行之际请你们记住，起点的差异不代表结果的差异！今天，我们洒泪分别，明天，你们独自远行。但起点各自不同，有的同学读的可能是985、211等名校，有的同学可能读的是普通本科院校，有的同学可能读的是专科院校，还有的同学出国留学，这是我们起点的差异，但这种差异是否就代表我们人生结局的差异呢？答案是否定的，因为一切才刚刚开始！阿里巴巴集团创始人马云第一次高考数学为8分，高考失利后他和表弟同时到酒店应聘服务生，表弟被录用，他被淘汰，理由是他又矮又丑，但他没有灰心，复读两年考上了一个二本学校，即便如此，起点也不可谓高，但现在，马云早已成为商场大咖，一骑绝尘。著名绘画大师齐白石的人生起点又是什么呢？木工，但他坚持习画，终成一代巨匠。同学们，人生是场马拉松，早走几步，晚走几步，并无大碍，只要我们选择了一个正确的方向，任何时候开始努力都不晚，何况一切才刚刚开始！

远行之际请你们记住，成功就是把自己做到最好！同学们，我们青春年少，我们风华正茂，我们充满激情，我们向往成功！但成功是什么？成功不是高官厚禄、成功不是家财万贯、成功不是超越别人，成功是把自己做到最好！兔子、猴子和鱼都各有特长，如果非要比谁能爬树，那兔子和鱼永远都是失败者。所谓“人人有才、人无全才、扬长避短、人人成才”就是这个道理。人与人之间没有绝对的可比性，把自己做到最好才是真正的成功。

有人说，读万卷书不如行万里路，行万里路不如阅人无数，阅人无数不如名师指路，名师指路不如自己来悟。同学们都有各自的诗和远方，在人生的大舞台中，我们自己既是导演，也是演员，相信你们在今后的日子里一定会修己安人，向美而行，书写属于自己的独特人生篇章，成为那个最好的自己！

你们的未来不是梦，因为一切都刚刚开始！

2018年6月11日

# 四个“不忘”赠离别

## ——写给 2019 届高三毕业生的公开信

亲爱的同学们：

三年共度，一朝分别。在这感慨良多的临别之际，我想送几句话给即将奔向大学的同学们，希望对你们的远行有所帮助！概括说就是“四个不忘”。

第一是不忘诚心。子思是孔子的孙子，也是孟子的老师，他曾经说过一句话，叫“诚外无物”，意思是说“诚”是人最宝贵的品质，没有诚心将无以立身。著名的当代书画家范曾先生表示，人类之所以有困惑，是因为人类的目标皆以物质主义为中心，若转向以心灵主义为中心，一切迎刃而解。“诚”字是解决世界一切问题的不二法门。同学们毕业后将独自走向高校乃至社会，你们将会遇到许多从没见过甚至没有想到过的各式各样的人和事，如何安身立命，唯有一个“诚”字。诚以待人，诚以处事，诚以立身，历时越长，其功越显。同学们千万不能因为眼前的小利益而丢掉了做人之根本，否则悔之晚矣。

第二是不忘学习。成功如果有捷径，那就是终身学习！有的同学认为中学时期学习辛苦，进了大学以后得好好调养调养，再也不用辛苦读书了。殊不知，当今是知识信息爆炸的时代，新的思想新的观念新的知识新的技术层出不穷，任何时候停止学习，就意味着落后和掉队，只有终身学习，才能立于不败之地，只有终身学习，才能拥抱成功！而大学是一个人一生中储备知识能力的最佳窗口期，是一个人步入社会之前的重要实力支撑，是一个人真正意义上“自主学习”的开始，必须分外珍惜，时刻不忘学习。

第三是不忘自律。自律是自由的前提。康德说：“自由不是想干什么就干什么，自由是想不干什么就不干什么。”大学可不是什么自由放松的乐园，大学是人生最好的增值期，如果你希望拥有美好未来，那你今天必须自律。这自律包括：爱惜身体不放纵、休闲娱乐有节制、谨慎交友多从善、提升自己不止步。今天你如何对待时间，明天时间就会还一个怎样的你。请记住，你是自己命运的缔造者，有自律才有自由！

第四是不忘母校。同学们，三年共读，此情绵绵！但天下没有不散的宴席，你们都有各自的诗和远方。希望你们在今后的日子里向美而行、修己安人，做最好的自己！无论何时何地，无论富贵贫穷，永远不要忘记母校，七中也永远为你们祝福，永远以你们为豪，永远盼望你们回家！

2019 年 6 月 11 日

# 努力 坚守 自律 利他

## ——写给2020届高三毕业生的公开信

亲爱的同学们：

席慕容说，青春是本仓促的书。的确如此，不知不觉，高中三年，一千多页就这样匆匆翻过。今天，那么多生动的细节，那么多精彩的瞬间，仿佛就在我们眼前。三年来，你们从做梦的季节步入了追梦的青春，我为你们的健康成长感到由衷的骄傲与自豪！同学们，十八岁是你们成长过程中的里程碑。十八岁，是青春的象征，它蕴含着勃勃的生机，意味着崇高的追求。十八岁，更是责任的标志，从此你们将担负起中国公民的全部责任。从今天起，你们要为自己的言行负责，为自己的今天、为自己的明天、为自己的一生负责！借此机会，我送给同学们几句话。

第一句话是：起点不高不要紧，关键是持续攀登。高中毕业后，我们有的同学考上了本科，但可能不是985，或是艺术名校，有的同学考上专科，没有被本科录取，还有个别同学可能因为家庭等原因直接参加工作。看起来，咱们作为成人的起点都不算太高。但是，这能不能算是咱们今后自卑、自暴自弃的理由呢？答案是否定的。说起龟兔赛跑的故事，同学们都耳熟能详，有的可能还觉得这故事有点夸张可笑。但是我要告诉同学们的是，在人生的大舞台上，每天都上演着太多的"龟兔赛跑"的故事，没读大学的比读大学的强，读专科的比读本科的强，读本科的比读研究生的强。譬如姜子牙72岁才得遇周文王，开始"创业"，后来辅佐其建立周朝，并建立了齐国，被后世誉为"百家宗师""兵家鼻祖""神上神""武祖"；苏洵是"唐宋八大家"之一，27岁方始发奋读书，后与其子苏轼、苏辙以文学著称于世，世称“三苏”；等等。只要努力，任何时候都不会晚；只要努力，每一天都会有进步；只要努力，生活一定会变得越来越美好！

第二句话是：跌倒摔跤不要紧，关键是不能放弃。2012 年伦敦奥运会的口号是“影响一代人”。有记者提问：“体育如何影响一代人？”伦敦奥委会的一位官员回答：“体育教会孩子们如何去赢，同时教会孩子们如何体面并且有尊严地输。”是的，一路顺风，一帆风顺那都是祝福语，真正的人间常态是“人生不如意事常八九。”人生途中，我们只有少数时候面对成功，多数时候则是面对失败。因此，必须有充分的准备和良好的心态面对失败。日本著名的企业家稻盛和夫说，人生中的困难和挫折，正是我人生的起点，或许也是我最大的“幸运”。马克思也曾说过“人要学会走路，也要学会摔跤。而且只有经过摔跤，才能学会走路”。屠呦呦在研究青蒿素期间仅提取青蒿素有效成分就做了 191 次实验才获成功，而这样的提取筛查研究此前至少进行了几万次。亲爱的同学们，希望你们记住，在人生的旅途中，遇到挫折，跌倒摔跤都不要紧，只要不放弃，坚持到底，成功一定会离你越来越近。

第三句话是：成绩不好不要紧，关键是能够自律。杰克·霍吉在《习惯的力量》一书中提到：思想决定行为，行为决定习惯，习惯决定性格，性格决定命运。奥维德说：“没有什么比习惯的力量更强大。”我们每天高达 90% 的行为是出于习惯，就是说，倘若我们能够自律，能看清并且改掉坏习惯，看清并且坚持好习惯，我们至少就能在人生路上得 90 分。绝大多数同学下半年都要进入大学学习了，父母不在身边，大学老师也不会像中学班主任那样如影随形，那是不是到了同学们彻底放松、天马行空、为所欲为的时候了呢？如果你们进入大学后，执迷于手机游戏、抽烟喝酒、谈恋爱、各种玩乐而不自律，那么大学对你来说就是颓废的四年、是灰色的青春、是可耻的挥霍、是失败的前奏。无论是中学还是大学，暂时学习成绩不好都不要紧，只要自律，只要改变坏习惯，建立好习惯，人生就会朝好的方向发展。

第四句话是：运气不佳不要紧，关键是心中有他。这个他不是“异性”的他，而是“他人”的他。有一个词叫“利他”。利他就是给予他人方便和利益不求回报。一百多年前的某天下午，在英国一个乡村，一位贫困的农民正在劳作。忽然，他听到远处传来了呼救声。原来，一名少年落水了。农民不假思索，奋不顾身跳入水中，救起了那个少年。几天后，少年的父亲带着贵重礼物登门感谢，农民拒绝了这份厚礼。在他看来，当时救人只是出于自己的良心，自己不能因为对方出身高贵，就贪恋别人财物。老贵族敬佩农民的善良与高尚，感念他的恩德，决定资助农民儿子去接受高等教育。多年后，农民的儿子学成后发明了青霉素，他就是亚历山大·弗莱明。那名贵公子也长大了，在“二战”期间，他患上了严重的肺炎，危在旦夕。幸运的是，依靠青霉素，他很快痊愈了。这名贵族公子就是英国前首相丘吉尔。病好之后的丘吉尔，对前后救了他两次的农夫父子的感激之情溢于言表。亚历山大·弗莱明却说：“第一次是我父亲救了您，这一次是您的父亲救了您。”的确如此。如果当时那个农民没有利他思维，就不会救丘吉尔，他的儿子也没有机会去读书，他就发明不了青霉素；如果贵族没有利他思维，他就不会送农民儿子上学，他的儿子很可能会死于肺炎。正是双方的利他行为，改变了几个家庭的命运，成就了几段美好人生。

经常有人抱怨说自己运气不好，请记住：爱出者爱返，福往者福来。一个利己主义者，一定不会有好的运气和好的人生。要想自己运气好，福报多，同学们在今后的人生路上心里不能只有自己，要尽可能多多帮助成就他人。这也是“利己者利人，利人者利己”的含义。

上述四句话用四个词概括，就是“努力、坚守、自律、利他”，希望对同学们即将开启的人生新旅有所帮助。亲爱的同学们，天高海阔，任尔飞翔，山高水长，后会有期。

2020 年 6 月 11 日

第三篇

# 美益求美

九江七中的校风为“美益求美，尽善尽美”。本部分收录的文章多为作者在学校和教育行政管理部门工作期间对学校干部和教师队伍建设的一些认识和思考。鉴于“人”是教育的核心要素，办“尚美”之教育首先得有“尚美”之教师，故称之为“美益求美”。

# 如何做好学校中层干部?

学校中层干部是学校管理的中坚力量，担负着承上启下、联通左右、一线指挥的重要作用。中层干部履职状态不仅关乎干部个人成长，更关乎学校工作的正常运转、工作效率和单位形象，必须引起高度关注。笔者建议中层干部从以下六个方面去优化自己的工作。

## 一、钻研业务

每个中层处室都有其对应的工作内容和专业特点，中层主任是处室的主要领导者，要对分口业务做到了如指掌，心中有数，否则不但无法胜任工作，甚至会在工作中出问题，给学校工作带来损害。比如办公室主任负责办文办会和人事工资等工作，就必须了解办文办会相关的流程和基本要求，对学校人事工作规定和工资相关制度更应了然于胸，否则教师的切身利益就可能受到影响；总务处主任负责学校的财务管理和校园建设，就必须了解相关的财务政策和校建规定。当前，财务和工程项目都属于关注度很高的敏感性工作，有的还是“三重一大”事项，如不熟悉政策摸黑走路，就容易出差错，有的甚至会导致大的问题，给学校乃至干部教师带来负面影响；现代教育中心主任负责学校智慧校园的建设工作，如果对现代教育技术不懂或是半生不熟，则基本无法胜任此项工作。但学校中层主任的交流有时也是必不可少的，因此交流到新岗位或是新任的中层主任，一定要第一时间学习钻研处室对口业务，否则做好工作只是一句空话。

## 二、敢于担当

中层干部是学校的“兵头将尾”，具体负责学校管理工作的组织推进，因此“敢于担当”是中层干部的重要素质，没有“担当”精神的干部，哪怕其他素质优越，也不可能成为一名真正优秀的干部。

敢于担当就是要充满激情。作为学校中层干部，理应是广大一线教师的工作榜样。因此，中层干部不但要做好本职工作，更要点燃自己、照亮他人，成为教师的光亮。而成为光亮的前提是必须有明确的目标和前行的激情。就是要有一点“不取真经誓不回”的进取精神，要有一点“咬定青山不放松，任尔东西南北风”的钉子精神，要有一点“明知山有虎，偏向虎山行”的无畏精神，要有一点“我不下地狱，谁下地狱”的牺牲精神。

敢于担当就是要分工合作。学校很多具体工作有时在职责划分上有一定交叉，很难说清楚一定是哪个处室的工作，特别是在没有办法及时会商的情况下，这就需要大家分工合作，不分彼此，共力共为。有的时候就可能为“担当”多付出不少精力和时间，有的时候还要为“担当”承担工作不力带来的后果和批评，但这些都不是可以不“担当”的理由，唯有付出小节，方能成就大节；唯有各自担当，方能成就卓越。

敢于担当就是要主动作为。主动作为要以工作需要为出发点，而不是坐等领导交代；主动作为要“只为成功想办法，不为失败找理由”；主动作为还要敢于创新，不被过去的工作经验所束缚，每一次创新都是工作的跨越，要大胆说出“我有个想法”。“这是我的事，我在现场，我能处理好”，这三句话要成为中层干部担当作为的座右铭。

## 三、优化方法

学校中层干部在管理服务中要提高质效，必须不断优化工作方法，可以在五个“善于”方面下功夫。

一是要善于抓大带小。学校中层管理的许多工作虽不惊天动地，但量多且杂，如不加以区分，五个手指一般长，事事同等对待处理，则不堪其累，事倍功半。中层干部在实际工作中，要善于抓大带小，抓住工作中的主要矛盾和矛盾中的主要方面，以主要矛盾的解决带动次要矛盾的解决，以解决矛盾的主要方面带动矛盾次要方面的解决，只有这样，才能面难不乱，从容不迫。

二是要善于刚柔并济。“刚”就是要在工作中坚守原则，“柔”就是从实际情况和工作实效出发保持适度的灵活性。“刚柔并济”目的是从人文关怀的角度，充分考虑照顾到当事人的内心感受和接受能力，使问题解决更加平稳，避免过于“刚性”带来的摩擦和不必要的伤害。

三是要善于调兵遣将。学校中层机构除主任外，一般都有一至多位副主任或干事，形成一个小的工作团队。中层主任在工作中，要实行分工合作制度，做到人人有事做，事事有人做。对于大型活动，中层干部要善于调兵遣将，形成合力，不宜事事亲力亲为，冲锋陷阵，不给团队其他同事工作和锻炼的机会，如此时间一长，不但自己累得够呛，不利于处室工作的质量提升，也不利于处室干部的成长发展。

四是要善于协调各方。学校中层处室中的很多工作难免牵涉本处室以外的人和事，这就要求中层主任有较好的外部协调能力，为处室工作的开展营造和谐氛围。对上要加强与学校领导沟通，对下要加强与一线教师建立良好关系，对旁要与兄弟处室建立好合作关系，对外要加强与相关对口部门的联络沟通。尽管难度不小，但为了做好工作，还是要想方设法努力建立良好的外部环境。

五要善于总结报告。报告工作既是让上级了解自身工作情况的重要方式，也是争取上级政策支持的重要途径。报告工作分书面和口头两种。毛主席曾对书面报告的写作概括了三点：一是要发议论，二是要用生动的事例让人印象深刻，三是要勤动笔。口头报告要注意开门见山，直指核心，善于提炼，能长能短，让上级尽可能全面、真实、快速地了解报告的意图和内容。

## 四、带好团队

一个好汉三个帮！没有一个好的团队，再有能力的领导人也不可能做好工作。唐僧没有孙悟空等三个徒弟各司其职，保驾护航，去西天取经基本是个“梦想”。刘备没有关羽、张飞这两个左膀右臂，没有诸葛亮的神机妙算，没有赵子龙的忠心耿耿，不可能三分天下有其一。因此，中层主任要高度关注团队建设并持之以恒把队伍带好。

要注重物色适合担任处室干事工作的教职工，并通过双向聘任制度将他们纳入团队，为团队人才建设打下良好的基础。对于暂时没有参与行政工作意愿的要以“三顾茅庐”的精神主动介入引导，不能坐等。要通过处室会议的方式布置交流工作，让大家尽快进入角色，熟悉工作；要采取“传帮带”的方式帮助新人加快成长；要实行分工合作制，大胆让青年干部在工作中得到锤炼和发展；对青年干部工作生活中的困难要及时关注和解决；要开展适当团建活动增强团队凝聚力和向心力，让团队成为大家“心向往之”的和谐集体。

## 五、追求效率

有的新担任中层的同志对“效率”这个词不敏感，认为干工作早一点、晚一点问题不大。实质上团队与团队的差距、个人与个人的差距不完全是能力的差距，很大程度是效率的差距，其本质是作风的差距。一个效率不高、作风不硬的团队要想在工作中胜出大概率不太可能。

提高工作效率一是要记住任务。“记住任务”这条看似简单，实践中“忘记任务”的情况却时有发生。中层主任的“任务”除了处室日常工作外，很多是上级的交代，上级交代的工作往往是上级比较关注或是比较重要的事情。有些中层干部由于事情繁多，做着做着就忘了上级的交代，形成了“你说你的，我做我的”这样“两张皮”的工作局面，结果是，你看起来忙得很，但领导对工作却不满意。二是要及时反馈。商界有个重要的“四小时定律”，就是对上司交代的任务，一般应在四个小时的时候予以回复，无论是否办结，因为这个时候是领导最想知道反馈的时点。任务办结了的，应报告办结情况；任务没有办结的，要报告进度和下一步工作安排，让上司放心。学校中层在具体工作中，虽不一定要四小时回复，但也要争取尽快反馈报告工作进展。三是要力争第一时间完成。上级交代的工作在保质保量的基础上是在“第一”时间，还是在“第二”时间或是“第三”时间完成，效果是完全不同的。经常能在“第一”时间完成任务的，不但会给人“果敢”“干练”“能力强”“效率高”等良好印象，树立个人形象，更能形成一种良好的工作作风，推动整个工作快速推进，提高工作效率。比如学校的新闻报道，如不能在第一时间趁热打铁出炉，就会给人“差一把火”的迟滞感，如推后三五天甚至已没有了新闻存在的价值。

## 六、坚守规范

学校的管理工作有其内在的运行规则和行事规范，作为学校中层应知晓并努力遵守。由于学校的管理干部大多是从教师岗位提拔上来的，而教师以“教书育人”为主的职业特点，致使多数新上任的学校中层对管理运行规范不是很了解，有的甚至会闹出一些笑话，对工作造成损害。因此，学校中层在开展工作前要认真学习学校相关工作规范，找准工作定位，熟悉工作流程，依规开展管理。比如坚持党组织领导的校长负责制，在政治正确的基础上，认真领悟校长的办学思想，并在实际工作中践行；坚持民主集中制，先说好再做事不打岔；坚持重大事项报告制度，对待组织应忠诚不二；坚持按职履责，一岗双责，要进位不越位，补台不拆台；坚持行政运作程序，办文办会办事等要依规办理；坚持舆论引导和保密制度，该说的说，不该说的不说；等等。

（本文作于 2021 年 8 月）

# 高效的执行力是团队无往不胜的法宝

一个团队要在工作中取得成功，必须有高效的执行力，否则一切将沦为空谈，高效的执行力是团队无往不胜的法宝！如何提升执行力，笔者认为要在以下四个方面下功夫。

## 一、要有“不取真经誓不回”的明确愿景和坚定信念

《西游记》中唐朝和尚玄奘按唐太宗的要求，在三个徒弟保护下去西天取经，一路降妖伏魔，历尽千辛万苦，饱尝九九八十一难，终于从西天雷音寺取回三十五部真经，功德圆满。取经途中，唐僧多次历险，生命垂危，但从未放弃，因为取经已成为他生命中的重要使命，“不取真经誓不回”！

又如中国共产党从无到有，从小到大，从弱到强，从在野到执政，历经艰难坎坷、无数磨难，为取得革命的“真经”无数革命先烈抛头颅、洒热血，无怨无悔，乃至吟诵出“生命诚可贵，爱情价更高。若为自由故，两者皆可抛”的千古绝唱！都因为一个共同的理想：实现共产主义。

因此，一个团队要有高执行力，每位成员都必须明确团队的总目标和自己的小目标，通俗地说，就是要“记得住”上级的交代，并内化为明确的目标和坚定的意志。

## 二、要有“一万年太久，只争朝夕”的工作激情和求变冲动

毛泽东同志在《满江红·和郭沫若同志》中写道：“多少事，从来急；天地转，光阴迫。一万年太久，只争朝夕。”这句话的现实意义是：做事情不

但要有持之以恒、百折不挠的精神，更重要的是为早日实现既定目标必须要能抓住机遇。也是激励人珍惜时间，从现在做起，分秒必争！事实证明，中国共产党的工作效率是非常高的，从建党到全面执政仅用28年，又用60余年的时间把一个积贫积弱的中国打造成全球第二大经济体，成就举世侧目！

因此，团队要实现成功，每个成员必须有强烈的责任感和紧迫感，要有敢于胜利的激情和冲动，不仅要保证质量，更要提高效率，在“快”字上下功夫。通俗地说，就是在按质按量完成工作任务的基础上要“快得来”，不能听之任之，放任自流，否则将永远慢人一步，无缘成功。

## 三、要有“紧抓主要矛盾不放松”的明辨眼光和舍弃勇气

唯物辩证法认为，在事物或过程的多种矛盾中，各种矛盾的地位和作用是不平衡的。在事物发展的任何阶段，必有而且只有一种矛盾居于支配的地位，起着规定或影响其他矛盾的作用。这种矛盾就是主要矛盾。其他矛盾则是非主要矛盾。

我们在实际工作中，一个阶段往往不可能只有一项工作，而是多项工作交织一起，这就要求我们用明辨的眼光找出主要工作，用主要精力抓好主要工作乃至主要工作的主要方面，用其他时间抓好非主要工作。不同的阶段主要工作会发生变化，要善于找出新的主要工作，提出主要工作内容，找出工作重点。不能眉毛胡子一把抓，让工作牵着人走，这样工作往往会陷入被动，甚至捡到芝麻却丢了西瓜。

因此，团队工作中要善于通过分析，找出主要工作，作为重点集中精力抓好。通俗地说，就是要“善取舍”，抓大放小，一抓到底。

## 四、要有“虽万千人吾往矣”的扎实功底和顽强作风

金庸先生在《天龙八部》中描写了一个大英雄萧峰，他为救一位朋友

阿朱，冒着生命危险来到聚贤庄求医，面对数百欲诛他而后快的敌人，没有任何犹豫和胆怯。故事演绎得激情澎湃，荡气回肠，将大英雄形象刻画得顶天立地，入木三分，金庸先生将这段故事命名为“虽万千人吾往矣”。萧峰之所以如此义无反顾，一是救人之大义所在，二是顽强的作风，三是傲视群雄的武功功底。

习近平总书记在2017年新年致辞中倡议，“大家撸起袖子加油干，我们就一定能走好我们这一代人的长征路”，“天上不会掉馅饼，努力奋斗才能梦想成真”。唯有坚持不懈的学习，才能丰富自己；唯有持之以恒的实干，才能梦想成真！

因此，团队要有高执行力，必须致力于团队成员的素质提升，打造团队钢铁般的工作作风，通俗地说，就是有能力办好自己该办的事“不上交”。

（本文作于2017年1月，原载于《九江教育》2017年第3期）

# "双减"，先要给教师减负

当前，"双减" 工作已在全国展开，可以说举国关注。我的理解，"双减" 就是要通过减轻学生过重的课业负担和校外培训负担，构建良好的教育生态，把属于学生的空间和时间还给学生，促进学生全面发展。所以，"双减" 绝不能理解为是放松教育，恰恰相反，是为了更好质量的教育。

那么问题来了，学生学习负担减轻，教育质量要不减反增，参照 "能量守恒" 定律，一定是有人增加了负担，这个人是谁呢？教师！

"双减" 实施过程中，多数学校的做法是要求教师课前精心备课，课中提高效率，课后作业分层，加强个性指导，目的是通过课堂质量提升来弥补作业量减少造成的学生学习时间的减缩。与此同时，为了给学生减轻或免去校外培训的负担，义务教育学校教师还要额外承担每周周一到周五的课后辅导、周末课后辅导的任务，有的学校老师还要负责晚自习的辅导任务。

一份覆盖全国 31 个省市的大型调研活动（对象是义务教育阶段教师）中数据显示，"双减" 后教师工作最大变化占比排在前三的选项分别是："工作时间延长，影响个人生活" 占比 82.92%（多达 5517 人）、"工作压力增大，职业幸福感降低" 77.30%（多达 5143 人）、"工作强度变大，可是工资待遇变化不大" 75.32%（多达 5011 人）。部分教师留言说 "难以顾及家庭，自己的孩子都没法照顾…… 影响到个人生活了"，"非教学性事务较多，作为班主任，每天忙于各种表格统计、杂事、收表等"，"心理焦虑烦躁，目前有心理疾病现象"。还有的网友针对 "全程留痕式" 检查留言道 "不论是 '双减' 还是任何一项工作，都不应以一种冗杂的程序化工作方式作为证明手段，频繁地检查只是在增加压力。另外，检查的目的是发现并帮助解决问题，不能高高在上地一味批评，动辄通报。希望各项工作都能规范化，不仅是受检查者，也包括检查者本身”。

关于教师负担还有一个故事，某城区中学工会2021年准备组织教职工利用周日（周六有课后服务）开展一次户外活动，放松心情，增进感情。但一年下来，竟没有组织成功，原因是全年周日没有安排工作（周日经常有各类人事考试）又没有下雨的只有一次，而这一次因为前一天晚上突发疫情取消活动。

基于以上，教师负担不可谓不重！教育部教育发展研究中心首席专家、研究员王晓燕认为："双减"要取得实效，真正达到提质增效的目的，教师减负需与学生减负同向而行。鉴于此，建议：

1. 减少教师参与校外各项“进校园”活动，让教师安安静静教书育人。例如禁毒、交通、消防、防疫、创文、普法等各种“进校园”“小手拉大手”活动层出不穷，老师疲于应付。

2. 减少各种检查，特别是“全程留痕式”检查。所有下校检查应由教育局在年初统一安排，不临时起意随意增加检查任务，且检查注重结果，不搞“全程留痕式”检查。

3. 教师实行弹性坐班，改变“两眼一睁，忙到熄灯”的局面。弹性坐班不是不坐班，而是当老师有事的时候可以“弹性”一下，如无特殊事情平时还应正常坐班。对班主任等重要岗位可以配备副班主任或是实行AB岗制度，让也食人间烟火的老师们在确有急事的时候能够稍微从容一点。

4. 关注教师身心健康。每年组织教师体检，不提倡带病上岗，教育行政部门应定期组织对教师进行心理筛查和问题干预，确保教师能有良好的状态面对祖国的未来。

5. 建立教师负担监控监测机制。放眼世界，日本、英国、俄罗斯等一些国家为减轻教师负担，都建立或委托专门机构进行系统监测。目前，我国尚未建立起教师工作负担的系统调查机制，也缺乏全国教师工作负担的精准数据。为此，应根据“双减”工作实际推动教师负担监控监测，为教师减负工作提供精准目标、精准对象、精准内容、精准策略，形成界定科学、权责清晰、系统治理的教师减负管理制度体系。

（本文作于 2022 年 1 月，曾作为九江市政协十六届二次会议《委员有话说》电视节目发言稿）

# 待到山花烂漫时

## ——我市农村教师队伍建设存在的困难和对策

我市有75%以上的人口在农村，农村教育发展水平决定着我市教育工作的成败。目前，我市农村教育最大的困难在教师队伍建设，具体表现在教师数量不足、师资素质不高、队伍结构失衡三个方面。尽快解决这些问题，对我市教育的持续协调发展有着重要意义。

### 一、教师数量不足

我市农村现共有公办中小学校1610所（小学1348所，中学262所），在校学生49.4万，教师2.88万。根据农村学校配备教师的实际需要，应配备教师3.2万人，实际缺口教师约3000人。以星子县为例，该县现有农村小学学生25767人，教师880人，即便按现省规定的农村小学配编比例“师生比1:23.5”（各地市均反映现省定配编比例不符合农村实际，配编比例过低）计算，尚缺口小学教师217人，造成该县一个农村小学教师包教1~2个班的现象屡见不鲜。农村教师数量的不足，直接影响到农村教育的质量，已成为制约我市教育特别是农村教育发展的关键因素，必须引起高度重视并尽快予以解决。

成因：一是自师范生取消包分配后，有的县级政府为减轻财政压力，采取“有编不补”或“多退少补”的方式补充教师，每年引进教师数量还达不到退休、调离等自然减员数。在教师不足的情况下，出现了“县城学校到农村挖教师、中学到小学挖教师”的层层拔高现象，导致农村学校特别是农村小学教师奇缺。二是由于农村学校条件艰苦，许多大中专毕业生不愿到农村学校工作。如前年九江县公开招聘92名农村小学教师，实际上只招聘到45名，到岗后还有不少自动离职。三是现行的省定教师配编比例不符合农村学校实际也是造成农村教师缺乏的原因之一。

对策：1. 市政府要把县区政府按需引进教师情况作为县区政府年度教育工作督导的重要考核指标，对达不到基本要求的实行评优一票否决。要督促县区政府按照教育实际需要，每年公开招聘新教师，其数量应高于全县自然减员教师数，通过3~5年的时间，使农村教师数量基本满足教育教学的需要。

2. 出台优惠政策，提高农村教师待遇，吸引优秀毕业生到农村从教，稳定农村教师队伍。可效仿北京、上海等地做法，对农村教师职称评审的基本年限较城市教师缩短1年，也可实行农村教师津贴制度，对农村教师给予一定程度的经济补贴，同时要不断改善农村学校办学条件，创造良好的教育工作环境。

3. 建立鼓励应届大学毕业生支教制度。建议参照湖北省做法，由市、县政府建立大学应届毕业生支教基金，鼓励大学毕业生到农村工作1~3年，支教大学生可享受下列待遇：一是支教考核合格者，每年可享受一定数额的支教补贴；二是毕业生工资可提前定级，不实行试用期；三是支教期满后，可优先选拔攻读教育硕士学位；四是对非师范专业的毕业生，免收教师资格申请认定费；五是支教期满后，可自主择业，也可继续留在基层工作。

4. 积极呼吁上级有关部门调整农村教师配编比例，使之更符合农村教育实际。

## 二、教师素质不高

目前，我市农村教师的整体素质与城区教师相比存在较大差距，教育教学质量难尽如人意。具体表现在以下几方面：全市约有35%的农村教师是民师转编的，他们未经过正规的师范教育，大多是初中甚至是小学毕业，加上年龄普遍偏大，在能力和精力上都难以胜任；当前，全市农村中小学尚有 1452 名在职教师未达到国家规定的合格学历，其中小学 620 人，初中 832 人；代课教师的现象依然存在，我市农村学校现共有临时代课教师 300 余名，多数代课教师的素质不高；优秀中青年教师改行或外调情况普遍，农村学校每年约有 5%的优秀教师调入城区工作或改行从事其他工作；自取消师范生包分配以来，师范生素质急剧下降，中考分数大多在 200~300 左右，有的更低，各县区引进的教师与前几年相比素质上存在较大差距，少数素质较好的教师对农村学校的待遇和环境不满意，造成流失现象严重；农村教师无法进行有效的继续教育，绝大多数靠经验上课，教学质量难以提高。

成因：一是由于教育经费短缺，农村教师继续教育不能正常开展，难以提高学历和掌握新的教育观念及方法，而近年来教育改革一日千里，长期封闭教学是造成农村教师素质不高的主要原因。二是取消师范生分配后，原九江师范生源素质下滑严重，而农村小学招聘教师的主要对象恰是原九江师范的毕业生，造成新引进的师资素质不理想。三是农村学校条件艰苦，待遇不高，地方出台的 470 元津贴难以落实到位，有的学校教师住房也十分紧缺，难以留住人才。四是因教师数量不足，农村学校不得不在学校附近的村民中聘请素质得不到保障的临时代课教师。

对策：1. 要建立以政府投入为主的农村教师培训专项基金，利用专项资金每年培训全市 1/5 的农村教师，每 5 年轮训 1 次，形成机制。同时，充分利用教师教育网络联盟，使广大农村教师在学校就能进行业务培训和继续教育，降低培训成本，扩大培训层面，提升农村教师业务素质。

2. 可参照我省其他地市做法，实行师范生定向培养制度，吸引优秀生源到师范就读，在取得教师资格证书和毕业证书的前提下，毕业后直接返回原县区农村学校工作。

3．积极开展城市优秀教师送教下乡活动，帮助农村学校教师提高业务水平。

4．不断提高农村教师待遇，鼓励优秀大中专毕业生到农村工作。

## 三、队伍结构失衡

农村教师队伍结构比例失衡主要表现在两个方面：一是年龄层次偏大。当前，我市县区小学教师46岁以上的共有8739人，占全市县区小学教师总数（18839）的46.4%；我市农村小学教师46岁以上的约占全市教师总数的50%；从我市小学教师年龄结构看，自46岁往下，以每5年为一段，随着年龄段减小，教师数量也呈递减态势。二是学科结构失衡。目前，农村学校语文、数学等主学科教师较多，英语、计算机、音体美老师奇缺，特别在农村小学，全市98%的村小没有上述学科教师，即便有相应设备，这些课也不能正常开设。

成因：一是近年来各地补充新教师数量不足，加上农村学校流出的教师大多是年轻教师，导致农村教师年龄层次偏大。二是农村学校条件艰苦，就业形势较好的英语、计算机等专业的毕业生不愿到农村学校工作，造成这些学科紧缺。

对策：1．按照本文第一部分所述，加大农村学校引进大中专毕业生力度，按照实际需要补充年轻教师。

2．提高农村学校教师待遇，同时，严格执行市政府《九江市关于进一步加强农村教育工作的意见》"对到农村学校工作的英语、计算机等紧缺学科的大学毕业生，可不受编制限制，先办理上编手续，超出的编制数通过自然减员等方式在以后予以冲抵"的政策，鼓励紧缺专业的师范类毕业生到农村学校工作。

（本文作于2007年5月，原载于《九江教育》2007年第2期）

# 托举明天的太阳

## ——学校青年教师队伍建设应把握好的几种关系

青年教师的未来就是学校的未来，就是教育的未来。青年教师队伍建设直接关系到教育工作的可持续发展，是学校教师队伍建设的永恒主题。根据对九江市近几年青年教师队伍建设状况的调查和了解，笔者认为学校管理者把握好以下三种关系将更有利于青年教师队伍建设，促进学校教育工作发展。

### 一、制度管理与人文关怀

制度管理和人文关怀是学校管理者加强教师队伍建设的两大法宝。制度管理的对象是面向全体教师的，具有强制性和长期性，工作效果是显性的，它的优点在于公正公平，一视同仁，缺点在于个体因素考虑过少；人文关怀的对象主要是面向教师个体的，具有非强制性和针对性，工作效果是隐性的，它的优点在于尊重个体，以人为本，但在工作中要注重把握好度，不能失之于宽。实践证明，两者的有机结合能互为补充，相得益彰，在青年教师队伍建设中产生的作用是积极、持久而有效的。

从九江市情况看，在青年教师队伍建设中，绝大多数学校对制度管理是重视的，但对青年教师的人文关怀仍有不足。这主要表现在：有的学校管理者工作布置多，对青年教师的关注、帮助少；有的批评不足较多，鼓励支持较少；有的会上讲话较多，与青年教师单独交流较少；有的在工作上要求较多，对青年教师生活关心较少。这种现象的产生，究其原因有三：一是学校管理者由于行政、业务工作繁忙，难以抽出更多时间与教师深入接触；二是学校管理者在领导岗位时间长了，很难站在青年教师角度上考虑问题；三是对人文关怀的作用认识不足。

著名教育家陶行知曾经说过：校长对教师的真心关怀和帮助所产生的积极作用是巨大的。由于年龄因素，青年教师大多有着强烈的进取心、自尊心和创新意识，对工作充满憧憬。据笔者调查，90%以上的青年教师都有着高度的工作热情和做好工作的强烈愿望，但因初涉教坛，他们也有着教学经验不足、教学方法不当、知识积累不够等弱点。这既是青年教师的普遍状况，也是每一位教师走向成熟的必经之路。学校管理者应深刻认识这种规律，工作中，既坚持制度管理，又注重人文关怀，积极靠近青年教师，倾听他们的呼声，解决他们的困难，扬青年教师之长，补青年教师之短，切实保护好青年教师的工作积极性。对他们多一点鼓励和帮助，少一点批评和指责；多一点宽容和理解，少一点轻视和计较，促进青年教师尽快成长成才。

## 二、倡导自学与组织培养

学习是教师从教的生命线。对教学理念、教学方法、教育艺术、学科知识等方面尚待加强的青年教师而言，学习的重要性更是不言而喻。加强青年教师队伍建设的首要任务就是创造条件，营造氛围，促使青年教师终身学习，通过学习增长知识，提高能力。

青年教师学习的主要形式有自主学习和组织培养两种，从我市情况看，各校对青年教师的学习是重视的，但实际工作中，要求青年教师自学较多，组织上对他们的帮助培养不足，青年教师在成长的道路上大多孤军奋战，进步速度不尽如人意。主要原因有三：一是学校办公经费不足，有限的经费都用在各学科的骨干教师培训上，难以保障青年教师的外出学习培训费用；二是部分学校管理者认为青年教师不如中年教师稳定，翅膀硬了容易跳槽，在青年教师培训上投资不划算；三是学校管理者对青年教师的组织培养认识不到位，重视不够，没有在培养青年教师方面动脑筋，下功夫，致使办法不多，效果不理想。

学校通过组织行为帮助青年教师学习提高，不但给予青年教师集体的温暖，更有利于加快青年教师成长步伐，提高教育质量，应引起学校管理者的高度重视。针对当前我市实际，强化组织培养青年教师主要有以下几种办法：一是调整教师外出培训思路，根据教师外出培训学习的内容派出不同层次教师。对涉及教育教学重大改革的培训活动，可选派学校学科带头人等骨干教师参训，对一般性业务培训、学习、听课等可适当选派学校青年教师参训，适当扩大教师参训面，给青年教师提供应有的学习培训机会。二是注重校本培训，充分利用学校自身条件，通过以老带新、一对一帮扶、推门听课、教师座谈等方式帮助青年教师快速进步。这方面，九江市第一中学青年教师实行“导师制”的做法值得借鉴。该校组织青年教师与本校相应学科的优秀教师结成对子，建立工作上的师生关系，三年为一周期，三年中，青年教师的导师负责在备课、上课、作业批改、教育艺术等方面对青年教师进行指导、帮助，较好促进了青年教师的成长。三是学校要积极搭建平台，通过开展教师集体备课、青年教师赛课、教师论坛等活动，支持鼓励青年教师通过参加各种学习性活动提高教育能力。四是解决部分校长“青年教师翅膀硬了容易飞”的认识误区问题。根据笔者对两年来市直学校50位调出教师的情况分析，83%的调出教师都是有调动经历、原本从县区学校调入市直的中年教师，而大学毕业后一直在市直学校工作的青年教师流出的少之又少，剔除夫妻两地分居、考取研究生等特殊因素外，真正意义跳槽的青年教师仅4人。

## 三、从严要求与大胆使用

对青年教师从严要求与大胆使用是青年教师建设内容中有机的两个方面。从严要求青年教师有利于规范青年教师教学行为，提高教学能力，加快个体发展；大胆使用青年教师则有利于青年教师树立工作信心，锤炼业务能力，燃烧青春激情，是青年教师成熟的重要平台。

从笔者调查情况看，学校管理者对青年教师大多要求较严格，但有些学校在使用青年教师方面则偏于谨慎，给青年教师锻炼的机会不多，对在工作中出现过失误的青年教师则更加不敢使用，使青年教师难以获得充分的实践锻炼机会，工作自信心下降，客观上延缓了青年教师成长过程，造成人才资源的浪费。出现这种现象的主要原因是：社会对学校教育期望值过高，家长都希望自己的孩子能享受最优质的教育资源，因此，对尚处于业务成长期的青年教师难免认为不尽如人意。在当前教育竞争日益激烈的背景下，学校管理者为迎合学生家长的需求，谋求社会的认同，宁可让中老年教师超负荷教学，也不敢大胆使用青年教师。

随着各地基础教育生源的不断扩招，中小学青年教师的客观存在和数量剧增已是不可回避的现实，忽视培养、锻炼青年教师，无疑是一种教育短视行为，既不现实，也不合理，必将给教育工作埋下隐患，带来长期的不利影响。据笔者对市直多所省重点中学教师情况的调查，目前各校在校的学科带头人等拔尖教师90%以上都是由本校自己培养的，青年教师的可塑性和创造性可见一斑。因此，学校管理者必须立足长远，站在教育持续发展的高度重视青年教师的培养和锻炼，给青年教师提供必要的实践舞台。为做到教学效益和社会效益的有机统一，在使用青年教师问题上可从以下几方面入手：一是在大胆使用青年教师的同时，注重对青年教师的关注和帮扶，把青年教师作为学校班主任、结队子导师、教研组长、同班资深教师帮扶的重点，发现问题苗头，及时解决，把青年教师因经验不足带来的负面影响降到最低限度。二是学校管理者要通过各种渠道给学生、家长做好思想认识统一工作，积极开展正面宣传，使之认识到青年教师特有的优点长处和锻炼培养的必要性，共同配合青年教师开展教学工作。三是重视青年教师的培养，加速青年教师成长。

梁启超曾深刻指出：少年强则国强。对教育而言，青年教师强则教育强。各级各类学校只有高度重视青年教师的培养工作，把握协调好培养青年教师中的各类关系，促进青年教师的健康快速成长，才可能办成群众满意的优质教育。

（本文作于2005年2月，原载于《九江教育》2005年第2期）

# 脚踏实地　固本培元

## ——发展农村教育迫在眉睫

立国之本在人才，人才之本在教育。在全市上下思发展、议发展、求发展的新时期，教育如何加快自身发展，促进九江经济腾飞？我认为，加快农村教育发展迫在眉睫，是当务之急。

### 一、发展农村教育对九江发展意义重大

首先，发展农村教育是九江经济腾飞的必然要求。我市总人口 460 万，其中有 350 万在农村，超过人口总量的 3/4。九江经济要腾飞，农村经济必须要有新突破。那么，农村经济发展的突破口在哪里？常言说得好：致富先治愚，扶贫先扶教。农村经济要发展，必须大力发展农村教育。

其次，发展农村教育是建设和谐社会的客观需要。建设社会主义物质文明、政治文明、精神文明是建设和谐社会的基础。我市要打造和谐九江，就必须加强农村“三个文明”建设，而加强农村“三个文明”建设的关键是要提高农村人口素质。目前，我市农民的总体素质不容乐观，每 20 个农村人口中，有高中及以上学历的仅 1 人，有初中学历的也只 10 人，能使用现代信息技术的更是寥寥无几。发展农村教育刻不容缓。

第三，发展农村教育是维护教育公平的重要保证。社会进步的重要标志之一是社会公平。而教育公平是社会公平的根本和底线。“教育平等是人生起跑线上的平等，是基本的平等，不能让贫困家庭的孩子输在起跑线上。”目前，我市大量的优质教育资源集中在城镇，城乡教育的差距呈扩大

趋势。面对如此形势，再不重视和发展农村教育，我们将愧对党和人民对我们的重托，愧对生我养我们的父老乡亲，愧对那些对知识充满渴望的农村孩子们。

## 二、发展农村教育面临的主要困难

目前，我市农村共有学校 2004 所（其中教学点 660 个），在校学生 58 万，教师 3 万。发展农村教育主要存在三个方面困难。

困难一，农村教师数量不足、质量不高、结构不合理。从数量看，有的县级政府为减轻财政压力，采取“多退少补”的方式补充教师，每年引进教师数量还达不到退休、调离等自然减员的一半，导致教师缺口严重。许多农村学校由于教师不足，只能扩大成班率，我见到的最大一个农村教学班的学生数达 110 人，在农村小学，一个教师包教 1~2 个班的现象屡见不鲜，个别乡村还出现了乡民凑钱请临时教师代课的情况。从质量看，由于农村学校条件艰苦，工资水平低，多数大中专毕业生不愿到农村学校工作。当前的农村教育特别是农村小学教育是靠一批年龄在 40~50 岁以上的老教师支撑，他们 50%以上是民办教师转编的，未经过正规的师范教育，加上因经费短缺，基本无法外出进修提高，教育观念落后，教学方法陈旧，不适应现代教育教学，教育质量难以提高。从结构看，农村学校语文、数学学科教师多，英语、计算机、音体美老师奇缺，造成这些课不能正常开设。结果是，当城市孩子早已能说一口流利英语时，同样的农村孩子还不知 ABC 为何物。

困难二，农村学校经费紧张，办学条件不容乐观。由于农村学校现行收费标准较低，加上经费投入不足，绝大多数农村学校的工作经费仅勉强维持正常运转，更无力发展。目前，全市农村学校危房面积达 36 万平方米，约占校舍总面积的 1/10；各类教学设备严重不足，有的县平均 120 个学生才有 1 台电脑，且大多因技术、资金等原因处于停用状态。许多农村学校教师备课没有工作用纸，上课要自带粉笔，学生自带桌椅上学的现象也已延续多年。

困难三，农村教育服务农村经济能力较弱。据调查，有 86%的农村学生初中毕业后，因各种原因未进入高一级学校学习，在家务农或外出打工。对于这部分学生来说，我们的农村义务教育只提供了基本的学科知识，未提供必要的就业技能，致使他们在参与社会劳动时缺乏必要的就业技能。其中，有相当一部分学生在沿海发达城市从事低技术含量的工作，劳动强度高，劳动报酬低。从发展的角度看，这种情况不能适应新型工业化发展，不利于“三农”问题的根本解决。

## 三、发展农村教育应采取的主要措施

措施一，要出台优惠政策，尽快提高农村学校教师的数量和质量。一要尽快补充教师。要出台专门文件，要求县区政府按照农村教育实际需要，每年都公开招聘新教师，其数量应高于全县自然减员教师数，改变县区为减轻财政压力出现的“有缺不补”“有编不补”等制约教育发展的现象。二要提高农村教师待遇。要出台优惠政策，建立农村教师津贴制度，鼓励大中专毕业生到农村工作。三要加强教师培训。要建立“以政府投入为主，教育部门、教师费用分摊”的农村教师培训专项基金，利用专项资金每年培训全市 1/5 的农村教师，每 5 年轮训 1 次，形成机制，全面提高农村教师素质。

措施二，要加大资金投入，努力改善农村学校办学条件。一是要加大政府投入，确保教育经费的“三个增长”，努力改善农村学校办学条件；二是要足额征收各项教育税费附加并用于教育，坚决杜绝挪作他用的现象；三是要在“课桌椅工程”“定点支教”“解困助学”等活动的基础上，大力倡导捐资助学，鼓励社会各界出资出力支持农村教育的发展。

措施三，要开设职教课程，服务农村经济建设的发展。在农村中学开设职业教育选修课程或职业教育班，职业教育班可独立开展，也可与市职业学校联合办学；可专招在校学生，也可招收部分成人学生，实行多样、灵活、开放的教学模式，把教育教学与生产实践、社会服务、技术推广结合起来，突出地方特色，开展特色培训，比如养殖、种植、花卉栽培及农机修理等，帮助农村学生提高科技兴农能力。

措施四，拓宽教育年限，全面提高农村人口素质。鉴于我市农村学生学习年限较短的实际情况，县级政府要积极发展高中阶段教育和农村幼儿教育，延长农村教育年限。力争在三年内基本普及高中教育，学前三年受教育率达到45%，学前一年受教育率达到75%，全面提高农村人口质量。

（本文作于2005年8月，原载于《九江日报》2005年9月28日B4版，收录中略有改动）

# 做好三篇文章　推动教育发展

我国近代思想家康有为曾经说过：欲任天下之事，开中国之新世界，莫亟于教育。意思是讲，中国要强盛兴旺，虽有千万件事要做，但首先要办好教育。在全市上下思发展、议发展、求发展的新时期，教育如何以新的姿态、新的业绩为我市经济社会的新发展铺路搭桥，增强动力，是全市教育工作者当前思考的一个重要问题。我认为，当前必须着重做好农村教育、职业教育、素质教育三篇大文章。

## 一、大力强化农村教育，促进城乡经济的和谐发展

我市共有460万人口，其中有350万在农村，超过人口总量的3/4。九江经济要有大发展，农村经济必须要有新突破。农村经济发展的突破口在哪里？常言道：致富先治愚，扶贫先扶教。农村经济要发展，必须大力发展农村教育。

目前，我市共有农村中小学2004所，在校生58.2万人，教师3.1万人。近年来，由于各级政府对农村教育的重视支持，我市农村教育有了一定的进步，但问题依然存在，城乡教育差距明显。这主要表现在两个方面：一是农村教师质量不高、数量不足、结构不合理。当前我市农村学校教师中相当一部分是民办教师转编的，未经过正规的师范教育。许多农村小学教师平均年龄在50岁，青年教师屈指可数。且教师总量缺口严重，一个教师教1~2个班的现象屡见不鲜。二是农村学校办学条件不容乐观。目前，全市农村学校危房面积达36.33万平方米，占校舍总面积的8.5%，各类教学设备严重

不足，有的县平均120个学生才有1台电脑，且大多处于停用状态。“教育平等是人生起跑线上的平等，是基本的平等，不能让贫困家庭的孩子输在起跑线上。”因此，尽快改变农村教育当前的状态已是迫在眉睫，不容置缓。

首先，要出台优惠政策，尽快提高农村学校教师的数量和质量。一是要出台专门文件，要求县区政府按照农村教育实际需要，每年都要公开招聘新教师，其数量应高于全县（区）自然减员教师数，改变县区为减轻财政压力而出现的“有缺不补”“有编不补”等制约教育发展的现象。二是要出台优惠政策，提高农村教师待遇，建立农村教师津贴制度，鼓励大中专毕业生到基层工作。三是要由市政府拨款建立农村教师培训专项基金，利用专项资金每年培训全市1/5的农村教师，每5年普遍轮训1次，以提高农村教师素质。

其次，要加大资金投入，努力改善农村学校办学条件。一是要加大政府投入，确保教育经费的“三个增长”；二是要足额征收各项教育税费附加并用于教育；三是要大力倡导捐资助学，通过“课桌椅工程”“定点支教”“一帮一”等方式，鼓励社会各界支持农村教育的发展。

第三，要开设“农技”课程，服务农村经济建设的发展。据调查，有60%以上的农村学生初中毕业后，因各种原因未进入高一级学校学习，在家务农或外出打工。对于这部分学生来说，我们的义务教育只提供了基本的学科知识，未提供必要的就业技能。建议在农村初级中学开设部分“农业实用技术”选修课，帮助农村学生提高科技兴农能力，长此以往，对我市农业经济的发展将大有裨益。

## 二、着力发展职业教育，为经济建设提供充足的技术人才

经济发达国家经验证明：一个国家或地区产业竞争力的高低，不仅取决于先进的技术装备，更重要的是拥有一大批高素质技术劳动者。目前，发达国家高级技师占工人总量的35%，而我国只有3.5%，巨大的差距直

接影响了我国产业竞争力的提高。我市要走工业化道路，发展职业教育势在必行。

第一，要加大政府扶持力度，帮助职业教育迅速做大做强。要建立并完善职业教育工作联席会议制度和党政主要领导联系职业学校制度，定期召开会议，研究解决职业教育发展中的问题；要加大对职业教育的投入力度，按照市政府有关精神，市本级和县级财政每年安排一定数量的职业教育专项经费，用于职业学校师资培训、示范学校和专业建设；要严格实行劳动就业准入制度和职业资格制度，提高本市企业的产业竞争力；以九江职业技术学院为依托，创建九江工程学院，提升职业教育的层次；大力扶持民办职业教育学校，使之成为我市职业教育新的增长点；要加大宣传力度，扭转社会上重普教轻职教的观念，努力扩大招生，尽快实现职业教育与普通教育天下平分的目标。

第二，要继续深化职教改革，提高职业教育办学水平。要允许中等职业学校自主招生；允许有条件的普通中学举办中等职业教育班；取消就读职校学生的地域、年龄、学历的限制；开展入学注册制、毕业学分制、就业双证制试点工作；努力培养“双师型”教师，提升职教办学质量。

第三，要树立大职教观念，把职教领域拓宽到社区、农村。职业教育要服务好经济发展，仅仅管好校内的责任田是远远不够的，必须把工作领域拓宽到社区、乡村，抓好社会劳动力的职业培训。我市仅 15~55 岁的农村劳动力人口就有 130 余万，其中有近 50 万在沿海发达城市从事低技术含量的工作。大力开展“职业教育进社区”“职业教育到乡村”，是提高劳动力素质，促进传统农业向现代农业转变的关键所在，是转移农村富余劳动力、推进工业化和城镇化的重要途径。

## 三、全力推进素质教育，为经济社会发展提供人才和智力支持

经济要发展，关键靠人才。人才的培养，关键在教育。要实现九江经

济社会的大发展，必须坚定不移地推行素质教育，全面提升教育质量，培养数以千万计的高素质新型人才。着重要做好三方面工作。

1. 要大力加强未成年人思想道德建设。要坚持“育人为本，德育为首”的原则，广泛开展“养成教育”“诚信教育”“品质教育”“民族精神教育”等系列主题教育活动，在德育针对性和实效性上下功夫。要建立和完善“学校、家庭、社区”三位一体的德育机制，认真办好家长学校，形成合力，共同抓好未成年人思想道德建设。要严厉打击、取缔容纳未成年人进入的网吧、不健康的音像书店，为青少年健康成长营造一个和谐的外部环境。

2. 要坚定不移地推行新课程改革。新课程改革是一项重建课程体系，推进素质教育，促进全体学生都能健康成长的系统工程。所有教育工作者都要树立“以人为本”的教育理念，重构新的课程观、教学观、学生观、学习观和学科观，把更加人性化的课程和教育还给学生。要充分调动广大教师投身新课改试验的热情，大量开展以校为本的教研学习活动，努力探讨多元化的学生评价制度，研究解决新问题的新办法，通过新课程、新改革，实现我市教育的新突破、新发展。

3. 要坚持不懈提高教育教学质量。教学质量是所有教育工作的终极目标和生命线。一要打造一支品牌教师队伍，通过开展“一二三优秀园丁”工程，努力建设一个高素质的教师群体；二要坚持教学为第一中心的原则，以课堂为主阵地，狠抓教学常规，优化教学过程，提高教学效益；三要创立符合实际的办学特色，通过特色创品牌，通过特色上质量。

（本文作于 2005 年 7 月）

# 我的江教老师们

我是 1993 年考入江西教育学院音乐系的，现在已改名为南昌师范学院音乐舞蹈学院。今年恰逢音乐舞蹈学院建院 30 周年，按班主任指示，由我负责写一段读书期间的回忆感言。提起笔来，最先跳入脑海的就是读书期间的老师们，就顺着记忆之路写了下去。

## 严父慈心的王大昌老师

王大昌老师是我读书期间的系主任，也是我的二胡导师，同时还兼任和声、音乐欣赏等课程。王老师教我们的时候年逾五十，是系里年龄最长的老师。他个子较高，性格火爆，中气十足，声如洪钟，同学们经常老远就知道他来了。他在工作中坚守原则，对学生要求也十分严格，大家都十分敬畏他。记得我们这届毕业晚会时，王敏惠同学有个节目是手风琴独奏《西班牙斗牛士》，安排我给她架子鼓伴奏，但当王大昌老师在彩排时发现架子鼓摆在舞台上，立即要我把架子鼓搬到台下来打。我不敢多问只能照办，我猜十有八九是艺术原则性很强的王老师认为这种流行乐器不宜上正规的毕业晚会舞台的，最后的结果自然是只闻鼓声不见其人了。不过一向严苛的王老师有一次竟然在上午下课后单独请我吃饭，尽管一肚子狐疑，一直吃学生食堂肚皮瘪瘪脸泛菜色的我还是毫不犹豫地欣然前往。依稀记得王老师在学院旁边的小店给我俩点了三菜一汤，一盘煎鱼、一盘炒肉、一份蔬菜，还有一个什么汤不记得了。只记得味道鲜美，大快朵颐，饭后才知王老师请吃饭是想提醒我要专注学习，不要分心其他，不禁感叹不已加抹汗不止。

## 爱生如子的万绍芷老师

万绍芷老师是我的声乐老师。我一直认为她是人中之凤，值得尊敬，因为她教会了我们如何对待工作和自己的学生。她是一个把工作当成事业的人。我记得在校时，声乐小课大约是40或是45分钟一节，但万老师上课，一个小时，甚至一个半小时，那是家常便饭，没有达到满意的教学效果，她就不放手，经常起早上班摸黑回家。入校的第二年，万老师要去上海音乐学院进修，为了不让我们这些学生学业受到影响，她私人出面请了当时全省最有名气的吴一帆老师给我们上课，尽管如此，她还多次因自己的外出学习向我们表示歉意。她还是一个把学生当成亲人的人。她对我们的口头禅是“孩儿们”，她带我们一起郊游、一起游戏、一起开心，无论哪位学生有困难，她都倾力相助，把学生视为己出。总而言之，她既是一位德教双馨的良师，又是一个堪可交心的益友。

## 学识渊博的黄池老师

记忆中的黄池老师总是西装革履，发型一丝不苟，尽管身材貌似文弱，但每个细胞都散发着男人的魅力。受他的影响，我毕业后也狠戴了几年领带，一度引领了单位男士衣着风潮。他讲起课来有板有眼，不紧不慢，特别有方法，很难的内容听起来也感觉非常容易理解。当时特别不解的是他在上视唱练耳课时，我们认为十分简单枯燥的视唱曲被他一弹，模样大变，好听得不行。还必须一提的是，本人在第二学期曾有幸和黄老师共用一间琴房，练琴时间上得到极大保障，受益匪浅，感激不尽。

## 可爱可亲的刘永红老师

刘永红老师大学毕业后分到省教育学院，一参加工作就担任我班班主任。她就像是邻家女孩，为人和善，笑容可掬，说话细声细气，一点也没有老师架子。因为年龄相仿，加上我们本来也是参加过工作的成人学员，所以特别投缘。每到周末，就会有几位同学到刘老师的单身宿舍弄点吃的，打打牙祭，一起开心。因为刘老师是舞蹈老师，自然近朱者赤，开始我班不少非舞蹈专业男生刚上舞蹈课时总会上演同手同脚等蹩脚表演，但到毕业时，都能够拿出一个个类似于《大阪城的姑娘》的新疆舞、西藏舞什么的，有模有样……

当然，省教育学院优秀的音乐教师还有很多，诸如内外兼修的李勤老师，和蔼可亲的乐玫老师，循循善诱的汤志红老师，胸怀宽广的钟传志老师，温柔细心的郭正航老师，琴艺高超的陈南宏老师等，他们给我的教诲都令我受益匪浅，享用终生。借这个机会，衷心祝愿各位尊敬的师长在今后的日子里身体好，工作好，心情好，祝南昌师范学院音乐舞蹈学院广育栋梁，名贯四海，再上层楼！

另撰一联谨代表九三级音乐班全体同学贺南昌师范学院音乐舞蹈学院三十年院庆：

鹤鸣九皋“音”闻于天

龙腾三江“舞”动在渊

注：本联嵌入“九”“三”“音”“舞”等字，大意是九三级音乐系祝愿音舞学院如龙腾鹤鸣一般宏图大展，名贯四海！

（本文作于2019年12月，原载于《乐在其中》总第20期）

# 教师的幸福

前些天，我作为万绍芷教授的学生在母校江西省教育学院参加了她执教二十周年师生聚会。聚会的两天时间里，来自四面八方的同学们与恩师欢聚一堂，话离别之情，叙师生之谊，叹路之艰辛，品艺术人生。回首这次难忘的聚会，我不禁生出许多感慨。

感慨之一：做一个好老师真的很幸福。当百余名已毕业的学生，在一个不是长假的日子里，全部停下手上的工作，不辞辛劳从天南海北会集到母校，为恩师共庆执教二十周年的时候；当众多学生冒着炎炎酷暑，在炙热的舞台灯光下，一遍又一遍真情练唱着《老师，我总是想着你》的时候；当联欢会场上同学们齐声高喊着“万老师，我爱你”的时候…… 一个念头油然而生：做老师，挺好！是的，做一个好老师真的很幸福！

感慨之二：钟爱的事业要用一生去追求。当万老师的女儿还在蹒跚学步正需要母亲陪伴关心的时候，她却为了学生声乐能进步更快一些而每天起早摸黑，不是在上班就是在上班的路上，一节课上成两节课的时间却从不计较；当她的学生毕业，正为学有小成而沾沾自喜时，她总是善意地提醒着：“艺海无涯，学而不已”；当她事业正如日中天的时候，为了热爱的事业，她毅然选择了赴中国最高的音乐学府之一上海音乐学院进修；当她已是学院乃至全省学科品牌的时候，她却选择了在新的舞台上接受更大的挑战。她用她的所作所为诠释着一个朴素的道理：钟爱的事业要用一生去追求。

感慨之三：只要付出就一定会有收获。为了看望万教授并参加她执教二十周年师生聚会，我所在的 93 音乐班超过一半的同学得以在毕业 13 年后重逢。通过交流，得知许多同学通过艰苦的努力，事业有了不俗的发展。如一位从农村来的女同学，毕业后卧薪尝胆，发奋努力，考入星海音乐学院就读了本科和研究生，现在已在一所全国重点大学任教；一位曾经没有钢琴天赋、钢琴成绩在全班倒数的男同学，通过刻苦练习，现在的钢琴演奏和教学水平都有了质的提升，所带的学生成绩优秀的不乏其人；一位学声乐专业的女同学，通过不懈的学习，现已成为我们在校时最向往的我省音乐最高学府的声乐教师；一位曾经是睡在上铺的兄弟，现在已是入围中央电视台青歌赛合唱组决赛的高校合唱队指挥……这一例例鲜活的事实，让我深深感受到，人的发展不可限量，只要付出，就一定会有收获。

二十年很长，因为里面有太多的故事和汗水；二十年太短，因为我们的希望在远方在未来。陶行知曾说，人生天地间，各自有禀赋，为一大事来，做一大事去。我想，无论是我们尊敬的万老师，还是在各地从教的我们，只要抱定理想，坚守教坛，一生只为一事去，虽是清贫自甘甜。

（本文作于2008年6月）

# 欲成方圆先定规矩

## —— 加强制度建设意义重大

把九江建成长江沿岸和中部地区重要的经济中心城市是 460 万九江人民共同的期盼，有效加快发展，尽快让千年古城焕发新时代的光彩，加强制度建设至关重要。

### 一、加强制度建设有利于城市高效运转，增强综合竞争力

九江要成为长江沿岸和中部地区重要的经济中心城市，必须具备强大的城市凝聚力和综合竞争力，吸引八方客商来浔创业，做强做大经济蛋糕。客观分析我市投资环境，我们会发现，尽管我市有交通便利、地理独特、劳动力成本低等方面的优势，但在制度建设、创业环境、兴业氛围等方面仍然不尽如人意，特别是制度建设投资者反映颇多。

制度就是规范。据说，商人们大多愿意到上海投资兴业，主要原因是上海的制度建设在全国首屈一指，主要体现在两个方面：一是制度体系科学完备，办事便捷。无论是上海本地人，还是初次来沪的外地人，出门办事只要登录相关工作网站，有关制度、条款、流程一应俱全，并严格执行“一站式服务”“一条龙办结”制度；二是制度实施中能一以贯之地坚持。由于上海对违反制度的人和事责任追究相当严格，上海各级政府部门工作人员都有着强烈的制度意识，极少有人会违反制度主观办事。对创业者来说，同样的条件，如果到一个城市办事要请客、吃饭、送礼，结果尚不得而知，而另一个城市则只需按程序办理且效率极高，选择的结果是可想而

知的。

因此，我市要实现大发展，必须在制度建设特别是责任追究制度方面有大作为、大突破，通过加强制度建设规范城市有序运转，提高工作效率，提升城市综合竞争力，使九江成为四方人士创业、兴业的沃土。

## 二、加强制度建设有利于维护社会公平，增进社会和谐

公正公平是社会主义和谐社会的重要内涵之一。胡锦涛总书记曾指出，要从法律上、制度上、政策上努力营造公平的社会环境，逐步做到保证社会成员都能够接受教育，进行劳动创造，平等地参与市场竞争、参与社会生活，依靠法律和制度来维护自己的正当权益。要实现社会的公正公平，必须着力于加强制度建设。

制度就是公平。当前，社会上弱势群体在社会生活中不完全享有同等待遇的情况是客观存在的，同样的事不同的人来办结果有时相去甚远，甚至迥然不同。这种情况的存在造成广大基层群众的心气不顺，已成为和谐社会建设中的不和谐音符。这种问题的出现，原因不外乎两种：一是制度建设存在一定的不健全、不科学现象，致使无据可依，看人办事；二是有制度坚持的不好，又缺少相应的监督制约体系，致使有据不依，人权大于法制。

因此，要推进社会公平，把九江建设成一个和谐的大家庭，使社会各阶层心齐气顺，和谐相处，就必须切实大力加强制度建设，切实解决好上述两个问题，让每一位公民享有同等的社会权利和待遇。

## 三、加强制度建设有利于提升市民素质，提高城市文明度

市民的素质是城市的形象，是城市的名片。提高城市的文明程度，必须加强制度建设。

制度就是约束。人的素质不是与生俱来，而是源于主观的学习和外在的约束。从一定程度看，外在的约束影响更大。众人皆知，新加坡城市文

明程度高，没有市民会随地吐痰，殊不知，新加坡人吐痰原也和国人一样随意，为了打造花园卫生城市，新加坡就加强城市公共卫生，建立了严格的制度，对随地吐痰予以重罚，历经多番周折，方有今日之效。再则，去过美国的人都有一个感触，美国大都市的街道上尽管车水马龙，人流不息，但基本没有闯红灯的现象。其实，美国各州政府对闯红灯的人罚款并不多，一般在 2~50 美元之间，但由于此行为必须载入个人诚信记录，终身不得删除，所以虽然交通违规罚款数额不大，但美国人极少有人会以身试法，交通秩序井然。这就是制度的力量。

由此可见，制度对市民素质的影响是重大的。九江市民素质要有大的提高，除加强学习、教育、宣传外，出台有效的制度则显得异常重要。

（本文作于 2008 年 3 月，原载于《九江一中学报》2008 年第 1 期）

第四篇

# 美育印记

九江七中为江西省普通高中特色学校，其办学特色为美育，而作者任教学科是高中音乐鉴赏，恰为美育方向。本部分收录文章为作者在任教高中音乐鉴赏课期间，对音乐教学工作的思考和体会，故称之为“美育印记”。

# 上好高中音乐鉴赏课的“七字诀”

音乐鉴赏课是普通高中的必修课程，对提升学生审美能力和艺术修养，培养学生的音乐学科核心素养，落实立德树人根本任务，发展素质教育意义重大。根据笔者的教学体会，掌握“七字诀”，对上好高中音乐鉴赏课大有裨益。

## 一、“练”，就是练好专业功底

拥有扎实过硬的艺术专业知识和技能是成为一名优秀高中音乐鉴赏教师的基础。当下，在高中担任音乐鉴赏教师的绝大多数是艺术专业院校或师范院校艺术专业的大学毕业生，都经过系统的专业训练，并拥有各自的优势方向，比如声乐、器乐、舞蹈等。但是，要成为一名优秀的高中音乐鉴赏教师，仅有来自大学的本领远远不够。

高中音乐鉴赏课本虽只一本，且不太厚，但它内容涵盖古今，包罗中外，牵涉到音乐的方方面面，可谓海纳百川。教师要上好音乐鉴赏课，对讲述的知识和技能有所涉猎是基础，如果教师自己对讲述内容从未接触，课堂效果就可想而知了。比如《音乐鉴赏》（人民音乐出版社 2004 版）第四单元内容是国之瑰宝—— 京剧，作为音乐专业毕业的鉴赏课任教教师绝大多数没有在大学专门学习过京剧，因为大学音乐系基本没开这门课程，戏剧对多数音乐老师来说是空白，而一堂好的京剧鉴赏课，老师适当范唱并带领学生学习重点唱段是必须的，甚至是一堂课的点睛之笔，所以音乐鉴赏老师一定要自找时机补上京剧这一课。据了解，当前有关教育行政部门正在对基层音乐教师进行戏剧方面的培训，值得点赞。

因此，音乐教师要追求卓越，必须要针对鉴赏课程的教学要求，做到“教到老学到老”，驰而不息，终身练功，让自己变得既博且专，重点在钢琴、声乐、自弹自唱、合唱指挥、作品分析、舞蹈律动、戏剧、音乐史、教学法等方面有针对性地下功夫，持之以恒，必见奇效。

## 二、“学”，就是学懂课程标准

课程标准是规定某一学科的课程性质、课程目标、内容目标、实施建议的教学指导性文件，就是对学生在经过一段时间的学习后应该知道什么和能做什么（what students should know and be able to do）的界定和表述，是学科教学的总纲。任何学科教师在任教前都必须认真学习领悟课程标准，只有充分把握了课程标准，才可以开始学科教学，否则教学中就会出现标准不一、过于主观、盲人摸象、南辕北辙之类的笑话。

人民教育出版社2017版《普通高中音乐课程标准》较2004年“实验稿”课标，从整体课程设计到具体教学操作，都有许多新的重要变化，值得所有音乐教师认真学习，如新课标提炼了音乐学科核心素养，并以此引领课程设计和教学实践；高中音乐课程教学空间和学生音乐学习选择空间双向拓展；不同模块按不同教学要求确定学业质量水平等，所有这些内容都必须了然于胸，方能在教学中把握方向，明确要点，从容整合，坚定前行。

## 三、“抓”，就是抓牢教学重点

明确并抓牢教学重点有利于在有限的时间内发挥最大的教学效率，实现课程目标。

一是要抓牢整本教材的教学重点。当前江西使用的音乐鉴赏教材（人民音乐出版社2004年审定版）共设十八个单元、三十四节课，而我们每学年教学时间大致共有三十六周，貌似时间充裕，但剔除期中期末等考试和大型活动时间，以及种种其他因素，真正能落到实处的课时似乎永远都不足三十四节。在这种情况下，如何结合课程标准，突出重点，淡化次要，基本实现课程目标，就是音乐教师要做的功课。比如第十七节“钢琴音乐的奇葩”和第十八节“标题性交响曲”的诞生、第二十二节“勋伯格”和第二十一节“德彪西”、第二十四节“高山流水志家园”和第二十五节“西出阳关无故人”等教学内容不多，性质大体相近，可以考虑合并成一个课时教学，第三十一节乐坛新曲鉴于推荐曲目普及性和代表性不足，可以考虑学生自学，等等。

二是要抓牢单个课时的教学重点。当前一个单位教学课时大多为45分钟，而音乐鉴赏教材提供给教师可上的内容往往超过45分钟，这就要求音乐教师能抓住重点，突出重点，达成好的教学效果。如2004版教材第一节“音乐与人生”，教材提供至少四部作品可供学生欣赏：《草原放牧》《悲怆》《长江之歌》《森吉德玛》，这时教师一定要通过备课，了解到前两首是重点，后两首可以视情况考虑课上听或课后听。如果一概平铺直叙过来，就很可能造成该讲的没时间讲，可以不讲的却花了不少时间，最后达不到课程目标。

## 四、“听”，就是坚持以听为主

音乐鉴赏，顾名思义，就是对音乐作品进行欣赏、品鉴。所以音乐鉴赏课一定要坚持以欣赏音乐为主、教师讲解为辅的基本原则。这个原则看似简单，做到却不容易，因为越是要求教师讲得少，就越要求教师对教材有较强的把握抽象能力，部分新老师或是从初中改任高中教学的音乐教师很容易出现的情况就是教师讲多了，学生听少了。

诚然，教材提供给教师可讲的内容的确不少，但绝不是提供了就一定要讲或是一定要讲全讲透。教师在课前一定要认真分析甄别，对义务教育阶段已经有的内容不讲，对音乐基础知识或音乐背景可以采取学生阅读或是自学，对次要内容有的可采取学生课后学习，对能够用音乐表达的不用语言表达，而对一定要讲的则要高度精练，一句顶一句，腾出更多时间对学生进行音响刺激和信息积累。

## 五、“动”，就是注重体验式教学

体验式教学是音乐教学中的一种重要方式，它有三大教学工具：体验式歌唱、体态律动、即兴表达。它的优点是通过让学生全方位参与音乐实践而在比较愉悦的基础上获得较强的音乐体验。近年来，中央音乐学院开发了素质型学校音乐教育新体系，体验式教学就是其重要内容，并在基层广大义务教育学校进行了实验推广，取得了很好的教学效果。

鉴于高中音乐鉴赏课主要以听为主，课堂氛围有时难以调动，显得比较沉闷，因此，教师在教学中可以根据需要对部分音乐的欣赏采取体验式教学，会达到良好效果。但在教学中要注意以下几点：一是采取体验式教学必须有相对较宽敞的空间，因此教室一般不宜有桌子，便于体验时的活动；二是宜用于相对比较简单的歌曲或是旋律，对较为复杂的音乐如器乐合奏、合唱、交响乐等还是要引导学生安静地倾听，否则无法领略音乐的内在美，对学生审美能力的提升不利；三是对照高中音乐教育核心素养（与义务教育阶段不同），使用体验式教学宜精不宜多。

## 六、“用”，就是用好教学资料

善于利用教材、教具、教辅手段等教学资料会让高中音乐鉴赏课焕发出别样风采，令人眼前一亮。

1．敢于取舍教材。有部分教师对教材顶礼膜拜，用教材时不敢越雷池半步。实际上，比教材更重要的是课程标准，只要掌握了课程标准，在课程标准的框架下，在实际教学中对教材进行增添删减是再正常不过的事。如2004版教材第三十三节“流行风”中的三首作品分别是《思念》《懂你》

《好汉歌》，由于教材从撰写到使用中间时间跨度很大，所谓的流行风就变成了“古典风”。所以教师对此课可以在课标的框架下，选择积极向上的当下优秀流行音乐进行赏析，效果一定好于教材；再如第三十一节“乐坛新曲”中的欣赏曲目是《乱云飞》《御风万里》，但如果从乐曲经典性、普及性以及课堂实效性来选择，可以考虑改用小提琴协奏曲《梁山伯与祝英台》，有利于教学目标的达成。

2. 注重资料积累。苏霍姆林斯基曾说过，好的教师是用一生备课。要成为一名优秀的高中音乐鉴赏教师，平时一定要注重积累音乐资料（包括音响、视频、音乐知识小短片、生活中的音乐现象等），有时一个好的资料会让课堂满堂生辉。比如每节课前可播放一曲教师自选的优秀音乐，营造上课氛围，增加学生信息积累，再如在讲拉丁美洲音乐探戈时，可以播放电影《纵横四海》中的探戈表演片段，在讲非洲歌舞音乐的时候播放南非世界杯主题曲视频《非洲世界》，在讲肖邦音乐时可播放经典电影《一曲难忘》片段，等等，有了好的教学资料，会达到增强引力、事半功倍的良好效果。

3. 善于利用教具。再会讲课的地理教师口头解说地球的形态都不如直接拿出地球仪。因此，教具作用无可替代。音乐教师要善于收集、制作、利用教具，达到辅助课堂的效果。比如欣赏藏族民歌时送上一条哈达，学唱和表演京剧时给学生头上戴个京剧头饰，讲非洲音乐时带一个非洲鼓，等等。只要教师用心，课堂自会精彩。

## 七、“新”，就是教学方式宜新

习近平总书记曾说过：发展是第一要务，创新是第一动力。其实，对于一名音乐教师来说，要成为名师上出优课，在课堂教学方式上的出新同样必不可少。

一是课堂导入要新。好的导入能吸引学生立即进入学习状态，调动学习欲望，提高学习效果。如上“黄河大合唱”一课可以先播放日寇残害我国人民的纪录片进行导入，使之情绪上接近作品意图，上第三十节“祖国颂歌”可用当前热门的快闪《我和我的祖国》导入，看完快闪歌曲基本就会了。

二是教学模式要新。不同的教学内容可以找到最合适的也是最与众不同的教学模式，原则就是尽可能不要每节课都一样，否则学生会索然寡味。如对于欣赏较为复杂的乐曲可以先讲解再聆听，对于较为简单的乐曲可以先听再讲，对于重要的乐曲可以先听后讲再听，加深理解等。

三是教学亮点要新。一堂好课一定有亮点，而没有新意一定难成为亮点。因此，教师在教学设计中一定要结合教学内容形成一个有新意的教学亮点，足以让满堂生辉。比如可以考虑在体验式教学、自主探究、音乐实践、音乐评价等方面设计学生喜爱的互动环节，让课堂形成亮点，提高效率，令人难忘。

（本文作于 2019 年 9 月，原载于《中国高新区》2019 年第 3 期）

# 音乐可解须有度

时下，音乐界对欣赏音乐（本文专指器乐作品）时可否用知识化、文学化、图画化等形象解释来帮助这一问题讨论热烈，或曰可，或曰不可。笔者作为一名音乐教师，对此做过些思考，认为音乐可解，但须有度。

音乐欣赏是欣赏主体对音乐艺术欣赏对象所进行的一种审美接受活动。这种活动的内容大体包括：（一）对作品形象的认知活动；（二）感情活动；（三）审美愉悦和审美评价活动。前者是后两者产生的基础，而对作品形象的认识又取决于欣赏主体的主观条件和对作品的认知度。就欣赏主体的主观条件来说，虽然不同欣赏者的生活阅历、文化素养各自不同，但对欣赏对象即一部尚不熟悉的音乐作品本身的认识程度来讲，欣赏者大多在好其然却不知所以然的同一水平线上。因此，利用多种形象手段的引导使欣赏者加强对音乐作品的认知度就成为影响欣赏效果的重要因素。

唯物主义认为：存在是第一性的，意识是第二性的，意识是存在的反映。音乐艺术作为一种社会意识形态，也只能是社会生活的反映。因此，我们完全可能将音乐作品产生的环境、背景、作者心境、创作意图、创作手法等相关知识给欣赏者作必要的解释引导，以便他们更好地把握音乐的本质，获得审美快感，增强学习兴趣、提高审美能力。

持音乐不可解观点者大多认为音乐之美在于形式美，正如欣赏中国书法在于欣赏结构、章法、气韵等形式因素，而不在于书写的内容。为此主张给欣赏者一个宽松的环境，从纯音乐的角度如音乐旋律的流畅、起伏，和声的和谐、张力，节奏的律动、弹性，音色的优美、丰富去感受音乐美。

这观点无疑有一定道理。但我们知道，欣赏音乐有感官的欣赏、感情的欣赏和理性的欣赏等不同欣赏层次，欣赏的目的也各有不同：有的是消遣娱乐，有的是体验美感，有的兼而有之，但就欣赏音乐的最高理想来说，那就是通过大量优秀的音乐作品，丰富欣赏者的审美情趣，增强审美愿望，提高审美能力，乃至于在社会生活中发现美、挖掘美、鉴赏美、创造美。如果欣赏音乐仅仅停留在感受形式美上，就永远不可能找到提高艺术修养的有效途径，自然就不能上升到“鉴赏美”乃至“创造美”的境界。再者，音乐作品中有大量标题音乐，如大家熟知的小提琴协奏曲《梁山伯与祝英台》就是音乐内容与形式结合的上佳典范，若不从综合角度去引导欣赏，不但会丧失给予欣赏者极佳的审美快感和极大学习的机会，也是某种意义上的严重审美浪费。正如书法爱好者欣赏王羲之的一代佳作《兰亭序》，如仅仅感悟字的笔画、结构，不去领略字文合一、神韵相通的最佳艺术境界，岂不可惜？须知，没有儒雅清新的《兰亭序》文，就没有书法史上真正意义的《兰亭序》。

音乐是可解的，但不视具体情况对每部作品都将林林总总、不论巨细的解释一股脑儿倒给欣赏者，甚至将个人的主观感受强加于他们也不可行。处理好此间关系关键在于把捏一个“度”。把握“度”的目的在于既提供欣赏者把握音乐本质的可能性，又不限制他们各自持有的音乐感触及联想。

音乐作品根据反映社会生活的方式可分为表实音乐与表意音乐。试图通过音乐描述客观现实的音乐为表实音乐（多为标题音乐），当然，它是针对写意音乐的一个相对概念，纯粹的写实音乐是不存在的。对于表实音乐，在欣赏前除可介绍一定的背景知识，还可较详细地把音乐所描述的内容及相应的表现手段予以说明。再以《梁祝》为例，乐曲试图以小提琴与乐队的竞奏描绘梁祝两人由相识到同窗，由抗婚到化蝶的爱情悲剧。引导者可通过介绍柔美的爱情主题和欢快喜悦的同窗主题，使之联想到梁祝二人自相识到同学三载的美好时光；可通过介绍小提琴与大提琴三次复调性对答，使之联想梁祝草桥结拜、长亭惜别、楼台会等两人生活情形；可通过介绍独奏小提琴的呜咽之声与铜管森然顽固的封建主题之间矛盾冲突使之联想到英台抗婚的悲烈场面…… 唯有如此，才可能让欣赏者较全面理解表实音乐的丰富内涵，从而达到增多审美体验，增强审美兴趣，并从一次次的审美过程中提高欣赏者审美能力的目的。

对于以抒发内心感触为主的表意音乐（多为无标题音乐），因其内容的抽象性和灵活性，只需在讲解基础创作背景的同时，稍加引导欣赏者从作品的形式及情绪上体验即可。对此类作品最忌将个人主观感受及理解强加于欣赏者，好心而多余的解释只会束缚主观条件不尽相同欣赏者的主动性，以致减损审美效果。如苏联作曲家肖斯塔科维奇的《第五交响曲》在首演时，众人都认为是表达正义与邪恶搏战的激昂情形，而事后作者自述该作品主要发泄对现实的不满情绪。但无论何种理解都不会影响该作品巨大的艺术成就。恰恰这欣赏体验的差异性、模糊性、发散性正是音乐艺术独特的魅力所在。

诚然，欣赏音乐因不同的对象不同的目的会有多样方式，但为使音乐美更深更广地熏陶影响更多人的心灵，使之越发美善，在欣赏音乐时作些恰如其分的解释是大有裨益的。

参考资料：

1. 江西教育学院王大昌教授著《高中音乐欣赏教学新探》

2. 辽宁大学出版社王向峰主编《文艺美学辞典）

3. 文化艺术出版社《艺术概论》

4. 上海音乐出版社《音乐欣赏手册》

5. 上海音乐出版社《音乐欣赏手册）续集

6.《音乐周报》周海宏文《音乐何需“懂”—— 走出音乐审美误区音乐没有内容时我们听什么》

（本文作于 2000 年 10 月，原载于《九江教育》2001 年第 1 期，曾获江西省第三届音乐、美术教学论文评比一等奖）

# 以多元手段升华音乐感知

## ——《乌夏克木卡姆达斯坦第一间奏曲》教案赏析

“讲授器乐欣赏难于声乐欣赏”，教过高中音乐欣赏课的老师都有类似体会。原因是器乐作品大都比较抽象而且一般较长，在教学过程中抓手不多，稍不用心课堂实效往往不如声乐作品。《乌夏克木卡姆达斯坦第一间奏曲》选自维吾尔族《十二木卡姆》，由于多数非维吾尔族音乐教师对维族的乐器和音乐语言接触不多，要上好此课越发不易。

郭晨老师是江西省抚州一中的青年音乐教师，是一位功底扎实、思想活跃、刻苦钻研、年轻有为的教坛新秀，曾代表江西省在全国音乐课例展示活动中获一等奖。我也曾听过小郭老师讲授的一堂《爵士乐》现场课，反响甚佳。我读过小郭老师撰写的《乌夏克木卡姆达斯坦第一间奏曲》教案后，不禁为之一振，因为再一次从中读到了他跨界的思维、多元的方法和良苦的用心，可谓亮点频现，引人入胜，具体体现在以下几个方面。

一是坚持以听为主。音乐欣赏课中最基本的原则是“以听音乐为主”，而不是“以教师讲授为主”，本课教学设计中以大量音乐贯穿始终，给学生良好的音响刺激和音乐积累。如从导入的《青春舞曲》《鸿雁》《金孔雀与凤尾竹》到新课中的分段欣赏《乌夏克木卡姆达斯坦第一间奏曲》，学生实践环节再次欣赏《乌夏克木卡姆达斯坦第一间奏曲》慢板部分，到最后的《中花六板》，音乐自始至终环绕耳边。

二是注重参与体验。让学生在参与音乐实践中激发兴趣，加深印象，增强体验。如在介绍“木卡姆”的结构时，带领学生用钢琴练唱“木卡姆”

常用音阶，并邀请有二胡或弦乐演奏基础的同学演奏音阶；在介绍手鼓时，出示常用的节奏型，安排学生体验演奏；分组练习“朱拉”，打击乐器组使用手鼓为舞蹈伴奏等。

三是倡导自主探究。在教学中设计了具有探究性和启发性的问题，采取分组形式让学生集体谈论，沟通交流对音乐的感受与理解，让学生在学习中主动探寻音乐的奥秘。如讲授新课前抛出问题“此段音乐描绘了怎样画面？”“音乐是通过什么手段创造出这种意境的？请从配器、音色、旋律方面说说看”。又如安排学生分小组讨论进行舞蹈动作的创编，以及拓展环节设问“《达斯坦第一间奏曲》与《中花六板》在音色特点、情绪、配器、旋律上有何异同点，你喜欢哪种风格？”等等。

四是手段多元新颖。整堂课由一个又一个的创意亮点串联，让听课者不由自主跟随其中，学在其中，乐在其中。如导入的看图配乐游戏、地图展示等，最大限度活跃课堂气氛，创立了轻松愉悦、诙谐幽默的学习氛围；新课教学环节中的音阶演奏、手鼓练习让学生兴致盎然；实践体验环节中的舞蹈创编、手鼓伴奏将课堂情绪推向高潮；在知识与文化环节中对比《中花六板》，引出“民族的就是世界的”观点，让学生课留余香，意犹未尽。

五是核心素养彰显。本课设计以培育和发展学生音乐学科核心素养为统领，在审美感知、艺术表现、文化理解三个方面都有不俗体现，特别是在让学生感受到维吾尔族音乐的独特美感的同时，把“民族的就是世界的”作为课堂引申，切实增强了民族文化自豪感，可谓指向明确，意义深远。

总的看来，这是一篇可堪借鉴的不错的教学设计，值得广大同人参阅。如能在部分细节方面做些微调似更好，比如导入时教师先不展示新疆维吾尔族民族服饰，待实践体验环节给领舞学生穿上，有利于形成教学高潮；又如将课程尾部“教师引导民族的就是世界的”与“教师问学生你还知道哪种风格的器乐合奏形式？”对调，作为课程结语更妥。

（本文作于 2019 年 12 月）

## 附:《乌夏克木卡姆达斯坦第一间奏曲》教案
## (作者:江西省抚州市第一中学郭晨老师)

<table>
<tr><td colspan="4">课题</td></tr>
<tr><td>设计者 姓名</td><td>郭晨</td><td>省市学校</td><td>江西省抚州市第一中学</td></tr>
<tr><td colspan="4">指导思想与理论依据</td></tr>
<tr><td colspan="4">1. 指导思想<br>“全面贯彻党的教育方针，落实立德树人根本任务，发展素质教育，推进教育公平培养德智体美劳全面发展的社会主义建设者和接班人。”突出高中音乐学科核心素养，贯彻落实高中课程基本理念，遵循高中生的生理特点及心理认知规律，培养学生独特的审美能力，陶冶其情操，完善其人格。<br>2. 理论依据<br>党的十九大明确提出了教育的根本任务是立德树人，新课改后凝练了音乐学科核心素养，本节课从审美感知、艺术表现、文化理解三个方面出发，帮助学生逐步形成正确审美能力和价值观念。</td></tr>
<tr><td colspan="4">教学内容分析</td></tr>
<tr><td colspan="4">维吾尔族“十二木卡姆”艺术始于民间文化，发展于各绿洲城邦国的宫廷及都府、官邸，经过整合发展，形成了多样性、综合性、完整性、即兴性、大众性的艺术特征，它是集歌、舞、乐于一体的大型综合艺术形式，其体裁多样、节奏错综复杂，曲调极为丰富，是维吾尔族音乐的脊梁，也是打开维吾尔族传统音乐文化的金钥匙，更是东西方文明交流碰撞融合之后的现实载体和活标本，有“东方音乐明珠”之美誉。<br>“十二木卡姆”是由十二套完整的“木卡姆”组成，每套木卡姆又由“琼乃额曼”、“达斯坦”和“麦西热甫”三大部分构成。其中“乌夏克木卡姆”是“十二木卡姆”中的第八套，整体演奏时间为两小时，其中的歌曲以歌颂爱情生活为主要内容。</td></tr>
</table>

《乌夏克木卡姆达斯坦第一间奏曲》的开头是一个简短的引子，由都塔尔奏出。随后是一个慢板部分，这段音乐好像在叙述一个美丽的故事，音乐中带有冥想、憧憬的意境。随着手鼓的过渡性节奏，音乐进入一种热烈、欢快、充满激情的意境之中。这段音乐用笛子、扬琴、胡西塔尔、大提琴、手鼓等乐器合奏，乐曲在欢乐的气氛中结束。

本曲使用到的主要乐器有：胡西塔尔和手鼓。

胡西塔尔 ——是维吾尔族的一种拉弦乐器。它是根据久已失传的古乐器“艾西塔尔”改革研制成功的。维吾尔话中，“胡西塔尔”是“欢喜琴”的意思。这种乐器的音色柔和，常用于独奏、合奏及伴奏。

手鼓——是汉族人民对新疆一种打击乐器的俗称。它的原名是“达卜”，主要流行于新疆维吾尔族、塔吉克族、乌孜别克族地区。由于民族的不同，他们所使用的手鼓在形制上、演奏方法上都有差别。维吾尔族手鼓在框内周边都缀有小铁环，且有大小两种。大手鼓主要用于乐队和舞蹈伴奏，小手鼓用于木卡姆乐队。塔吉克族手鼓的鼓框较深，内框不缀小铁环，有的却装有三对小钹。通常，维吾尔族、乌孜别克族都由男子敲击手鼓，而塔吉克族几乎全由妇女演奏。由于携带方便，它不仅在一般场合可以使用，就是骑在马上或骆驼上也能用来自娱。

编创过程中用到的舞蹈“朱拉”的解析如下。

领舞演员双手提裙，手臂平伸，从舞台后区下场口横向出场，腰背挺拔，视线环顾，将群舞演员及伴奏人员依次看过；脚下后抬腿向前走两步，接四步点地碎步走，步伐稳重有力。后走到舞台后区中心，变为单手提裙，右手手臂向上拉起，向上绕弯，手掌向上摆住，手臂伸直、抬头，视线顺右手手腕的方向看出去，整体姿态犹如“孔雀开屏”。紧接先后转身，轻轻将手点住胸口，向伴奏及合唱人员行礼致敬，不做停顿继续转向观众方向，展开双臂再一次将双手轻点胸前，向群舞演员行礼。而后以稳稳的碎步向前走，走时手臂平展微屈，以手心相对呈“捧”状，视线环顾众人。

| |
|---|
| 走到舞台前区后，向观众行礼，小臂于体前弯回，大臂架起，右手中指指尖轻点于左手中指指尖之上，头部向前微倾。随后，向左转身的同时左手提裙，手臂向斜上方展平，右手绕腕曲臂展肩摆于头顶，视线向右下方看，双腿微蹲。 |
| **教学设计特点** |
| 结合地理、舞蹈学科知识，培养学生的艺术表现能力。<br>对比江南丝竹的器乐演奏形式，拓展学生视野，培养学生独立自主的音乐评价态度。<br>对核心素养的分析如下。<br>1. 文化理解：学生能够懂得“木卡姆”的基本结构，了解维吾尔族基本的文化特点和风俗人情。培养热爱家乡、热爱生活、乐观向上的精神态度，理解民族音乐文化的多样性。<br>2. 审美感受：学生能够了解新疆维吾尔族音乐的基本特点；感受音乐的情绪并为乐曲分出段落；区分“达斯坦第一间奏曲”中用到的民族乐器的音色。<br>3. 艺术表现：能够学会新疆舞蹈的基本动作，并为歌曲伴舞。 |
| **教学目标** |
| **情感态度价值观目标：**<br>了解少数民族的风土人情，培养学生热爱民族热爱祖国的思想情感。<br>过程与方法目标：<br>创设体验、模仿、合作、探究、综合的教学过程，使用游戏导入法、小组讨论法、示范法、讲授法等方法，在学生自主思考、互动的基础上理解木卡姆的艺术风格。 |

| |
|---|
| 知识与技能目标：<br>(1) 学生能够听辨都塔尔、热瓦普、萨塔尔、胡西塔尔、艾捷克、达卜、纳格拉鼓的音色。<br>(2) 学生能够体会“朱拉”的简单舞步，并创编舞蹈动作。 |
| **教学重点与难点** |
| **1. 教学重点**<br>培养学生对维吾尔族民族音乐的兴趣，理解民族音乐文化的多样性，培养爱国主义情感。<br>**2. 教学难点**<br>使用“朱拉”的舞蹈动作进行慢板段落的舞蹈创编。 |

| 教学过程 | | | |
|---|---|---|---|
| **教学阶段** | **教师活动** | **学生活动** | **设计意图** |
| **课程导入** | 1. 看图配乐游戏<br>教师身着新疆维吾尔族民族服饰。多媒体出示维吾尔族、蒙古族、傣族民族特色照片，并播放《青春舞曲》《鸿雁》《金孔雀与凤尾竹》。<br>2. 出示地图：出示地图乌夏克，是一个新疆小镇，位于叶城县。 | 1. 根据积累的音乐经验，进行分辨，选择《青春舞曲》。<br>2. 学生：从名胜古迹、水果、饮食、舞蹈谈自己的想法。 | 心、奇、趣、乐、智为一体，最大限度活跃课堂气氛，创立轻松愉悦、诙谐幽默的学习氛围。 |

| | | | |
|---|---|---|---|
| 新课教学 | 1. 聆听引子和慢板段落<br>出示都塔尔照片，简单介绍都塔尔的演奏方法。<br>老师：此段音乐描绘了怎样画面？<br>音乐是通过什么手段创造出这种意境的？请从配器、音色、旋律方面说说看。 | 聆听感受<br>学生：这段音乐好像在叙述着一个美丽的故事，音乐中带有冥想、憧憬的意境。 | 根据教材特点有针对性地帮助学生建立联想，同时进入新课意境。 |
| | 播放快板段落的视频<br>1. 师：乐曲表达了怎样的情绪和意境？<br>2. 师：介绍“木卡姆”的结构，出示“木卡姆”常用音阶，带领同学们用钢琴练唱，邀请有二胡或弦乐演奏基础的同学演奏音阶。 | 1. 生：音乐情绪热烈、欢快。充满激情的意境之中。<br>2. 生：有弦乐器演奏基础的同学试着演奏木卡姆音阶。 | 对比欣赏，寻找差异，既能快速地了解乐曲结构，又能激发学生的学习注意力。 |
| | 1. 出示乐器图片并聆听音色，介绍维吾尔族常用的演奏乐器，弹拨乐器：都塔尔、热瓦普；拉弦乐器：萨塔尔、胡西塔尔、艾捷克；打击乐器：达卜、纳格拉鼓；演奏手鼓或达卜的基本节奏。<br>2. 出示常用的节奏型，同学体验演奏。 | 1. 生：分类学习并听辨。<br>2. 练习体验常用的手鼓节奏。 | 知识点明确，学生易于接受。 |

| | | | |
|---|---|---|---|
| **实践体验** | 教师示范维吾尔族舞蹈“朱拉”的基本动作。<br>播放《达斯坦第一间奏曲》慢板段落。<br>分配乐器达卜或手鼓为歌曲伴奏。 | 分组练习“朱拉”；<br>小组讨论进行舞蹈动作的创编：<br>打击乐器组使用手鼓为舞蹈伴奏。 | 培养学生艺术表现能力。 |
| **知识与文化** | 对比欣赏江南丝竹音乐视频《中花六板》<br>1. 师：《达斯坦第一间奏曲》与《中花六板》在音色特点、情绪、配器、旋律上有何异同点，你喜欢哪种风格？<br>2. 师：引导思维“民族的就是世界的”。<br>3. 师：你还知道哪种风格的器乐合奏形式？ | 1. 生：根据本节课的理解回答（喜欢维吾尔族音乐的观点集中在旋律新颖，舞蹈及服饰绚丽，伴奏乐器丰富等；喜欢《中花六板》的观点集中在情绪比较容易听辨，大多属于清新活跃等）。<br>2. 生：新疆地区的音乐与中亚音乐有着密切的联系，同时也有着不同。<br>3. 生：器乐合奏形式还有铜管五重奏；木管五重奏；弦乐四重奏等。 | 发散思维，形成对音乐评价的态度。 |

| 教学反思 |
|---|
| 本单元意在让学生了解新疆维吾尔族风土人情、民族特点和文明传承的同时，激起对新疆维吾尔族音乐的兴趣，为随后更好地学习民族器乐独奏作品做好铺垫。在欣赏过程中，应该充分调动学生的音乐经验和想象、联想，培养学生表现舞蹈的积极性。从审美感知、文化理解、艺术表现角度让学生亲身体验一次愉快的新疆音乐之旅，并能够对比其他民族器乐的演奏形式，形成对音乐的鉴别、欣赏态度。 |

# 教学设计：《艺术歌曲的成熟／舒伯特的歌曲》

## 教学目标

1. 了解欧洲浪漫主义时期音乐和艺术歌曲的基本特征。

2. 通过欣赏《魔王》等三首艺术歌曲，对舒伯特歌曲有基本了解。

教学重点：

1. 欣赏《魔王》等三首艺术歌曲，引导学生感受、体验其音乐情绪和音乐风格，理解歌曲所表现的思想内容，从而了解浪漫主义音乐的基本特征。

2. 掌握“艺术歌曲”“声乐套曲”等基础知识。

3. 了解舒伯特的生平及其音乐创作，明确形成其音乐风格的社会原因。

## 教学难点

对歌曲《魔王》音乐风格的把握，以及体会不同角色的演唱表达差异和情绪变化。

教学方法：

1. 音乐赏析。通过对音乐的欣赏了解歌曲的歌词、旋律、调式及和声色彩、伴奏及音乐情绪，从而了解浪漫主义音乐的基本特征。

2. 演唱哼唱。引导学生在欣赏歌曲时可以心中默唱或轻声哼唱，对重点音乐主题进行教师教唱，加强学生印象。

3. 实践表演。在合适时机鼓励学生积极参与即兴表演，如分角色朗读《魔王》歌词，加深对作品情绪的理解；欣赏《鳟鱼》时伴以指挥手势等。

## 教学过程

一、复习

教师在黑板上出示上一节课学习的贝多芬第九交响曲主题“欢乐颂”的乐谱，教师钢琴伴奏，要求学生用“u”母音轻声哼唱“欢乐颂”主题。

（设计目的：通过复习哼唱巩固“欢乐颂”主题，浓厚课堂音乐氛围，为新课开展打基础）。

二、新课导入

教师在屏幕上出示英文单词“romantic”，连续追问：“romantic”的中文意思？→“浪漫”的具体指什么？（充满诗意、充满幻想、充满美感、充满情调）→引出“浪漫”主义时期音乐。

（设计目的：通过讨论“浪漫”的内涵，便于学生更好理解浪漫时期音乐特点。）

三、学习相关音乐基础知识

要求学生带着问题阅读114页和119页中的课文文字部分，然后分4组，每一组回答一个问题（教师同时在PPT上展示相关题目和答案）：

1. 欧洲浪漫主义时期音乐的主要特点是什么？

2. 艺术歌曲有什么特点？

3. 什么是声乐套曲？

4. 说说你了解的舒伯特？

回答问题后教师播放舒伯特简介视频（4分钟）。

（设计目的：让学生回答有利于提高阅读效率；分组回答有利于加快课堂行进节奏。）

四、欣赏《魔王》

教师简介《魔王》。

学习歌词：学生分角色朗读。

教师介绍钢琴伴奏的两个典型音型（三连音和如风节奏型）。

要求学生带问题欣赏《魔王》。

1. 跟随音乐心中默诵歌词。

2. 思考：歌唱家演唱时如何表现四个不同角色？（音色、情绪、音量等）

欣赏后教师提问并与学生进行交流，引导学生了解“一人演唱表现多个角色”这种艺术方式。

（设计目的：通过学生分角色朗读以及对典型音型的了解，让学生尽快了解艺术歌曲钢琴伴奏的重要作用以及对艺术歌曲情绪变化的把握。）

五、欣赏《鳟鱼》

教师简介《鳟鱼》以及学习钢琴伴奏音型（鱼摆尾）。

欣赏《鳟鱼》，要求学生边听边指挥，并思考如下问题：歌曲开始使用大调，色调明朗，找一找哪句歌词让歌曲的色调突然暗淡下来？（欣赏后学生回答问题。）

教师在钢琴上演奏和弦递进（C 大调：Ⅰ－Ⅳ－Ⅰ－Ⅰ b3－Ⅰ），让学生查找五个和弦中的小三和弦，并体会调性变化带来的色彩变化。

（设计目的：通过了解伴奏音型和调性变化，便于学生体会歌曲意境以及调性变化带来的色彩情感变化。）

六、欣赏《菩提树》（声乐套曲《冬之旅》第五首）

引导学生阅读《菩提树》歌词及歌曲相关介绍，初步了解歌曲。

教师范读歌词，让学生闭目体会歌词意境。

教师播放典型钢琴伴奏音型，引导学生想象（树梢摆动的情形）

欣赏《菩提树》，引导学生闭目想象：他乡、流浪、孤寂、故乡……

教师用钢琴教唱《菩提树》主题句，加深学生对音乐形象的理解。

（设计目的：通过教师范读、介绍伴奏音型，便于学生理解歌曲意境；通过教唱《菩提树》主题句加强艺术实践，有利于学生对音乐的深度把握。）

七、教师布置课后拓展：要求学生跟随录音哼唱《鳟鱼》曲调

（设计目的：加强对《鳟鱼》等名曲的记忆储备，从哼唱中加深体会艺术歌曲的特点。）

在《菩提树》的音乐中结束本课。

（设计目的：利用一切机会增加音响刺激，帮助学生在大脑中留下音乐记忆。）

说明：该课出自人民音乐出版社《高中音乐鉴赏》（经全国中小学教材审定委员会 2004 年初审通过）第九单元第十六节。

（本文作于 2019 年 11 月，该课例曾获 2020 年九江市高中音乐录像课评比一等奖）

# 中学教学视角下的高等师范大学音乐教育专业培养策略

**摘　要**：当前，高等师范大学音乐教育专业的教学受专业音乐学院影响，客观上存在定位不准、方向不明、培养的学生在工作单位评价中满意度不高等问题，笔者从职业态度、教育理念和教学方法、艺术素养、综合素质四个方面提出了有关建议，供高师音教专业办学者参考。

**关键词**：中学教学　高等师范　音乐教育　培养策略

高等师范大学是培养中小学教师和研究人员的高等教育机构，是中小学教师培养的摇篮，高等师范大学的办学质量直接关系到我国基础教育教师队伍建设的质量。总的看来，我国高等师范教育在培养基础教育教师、保障基础教育发展方面贡献突出，但由于时代背景、专业视角、师资限制等原因，高等师范教育与中小学教育实际脱节现象一定程度上存在，不少师范大学音乐教育专业的教学受专业音乐学院影响严重，客观上存在定位不准、方向不明、培养的学生在工作单位评价中满意度不高等问题。

为推进音乐教师教育质量保障体系建设，提高师范类音乐专业人才培养质量，结合教育部开展的“普通高等学校师范类专业认证”工作，以及笔者多年中学音乐教育的经历和体会，笔者就高等师范教育音乐教育专业人才培养问题谈几点看法，以供参考。

## 一、把良好职业态度的培养摆在首位

《全国普通高等学校音乐学（教师教育）本科专业课程指导方案》中的培养目标表述如下：培养德智体美全面发展，掌握音乐教育基础理论、基础知识、基本技能，具有创新精神、实践能力和一定教育教学研究能力的高素质音乐教育工作者。其中“德”是摆在第一位的，这个提法不新鲜，但在高等师范大学音乐教育（以下简称高师音教）专业的办学过程中，从领导、教师到学生，多数把音乐知识技能摆在第一位。至于“德”，就是说起来重要，做起来就不怎么重要了。但是师范生的“德”真的不那么重要吗？

事实远非如此。据笔者对部分中学校长的调查，校长们对音乐教育毕业生的第一关注点不是学科专业技术，而是是否有良好的职业态度和师德师风。校长们认为，只要有良好的职业态度，基本的教育教学工作就可以完成，与同事和学生的沟通交流合作都没有太大问题，而专业技术可以在工作中不断学习改进。但如果没有良好的职业态度，再好的专业技术也会出问题，甚至是大问题，比如对本职工作不够敬业、过于看重个人利益、热衷于有偿家教、不愿意与同事合作、不注重学校利益、不关注个人成长等。

据上海师范大学音乐学院滕文妍老师课题组调查，当前该校音乐师范生就业约有三分之一去了社会音乐教育培训机构或是个人工作室，在对上海市有关社会音乐教育培训机构负责人调研中了解到，他们对来培训机构上班的大学毕业生最为看重的素质不是专业能力，而是工作态度，包括是否能留住学生、工作合作度、对培训机构的忠诚度等。

无独有偶，广州市黄埔区教育研究院陈文娟老师课题组在对广东省48位中小学优秀音乐教师进行调研时发现，这些优秀教师共同的特征是，对职业有明确认同感和归属感、对工作执着且充满热情。

由此可见，良好的职业态度是个人职业发展的根基，高师音教专业办学中应当高度重视并采取多种方式对学生职业态度的形成加以影响和培养，具体包括：职业认知态度，即是否爱孩子；学科专业态度，即是否爱音乐；教育教学态度，即是否爱教学；专业成长态度，即是否愿成长，唯有此才能抓住“立德树人”的根本。

## 二、要深入研究教育理念和教学方法

对音乐教育专业来说，是以“音乐”为主，还是以“教育”为主？是以培养“音乐家”为方向，还是“教育家”为方向？这个问题一定要弄清楚。

上海音乐学院音乐教育系将音乐教育学、音乐教育史、音乐教育心理学、教学论、教学法等课程作为音乐师范生的主修课程，以声乐、钢琴等技能课程作为音乐师范生的辅修课程。南京师大音乐学院院长徐元勇教授指出，音乐师范专业的办学定位思想是：教育专业、音乐专长、教师职业、美育先锋。由此可以看出，音乐教育专业的立足点是教育，是具有一定音乐专长的教育专业。因此，音乐教育专业的师范生要高度重视对教育思想和教学方法的学习研究，唯有此，方能在今后的教育实践中得心应手。以下几个方面值得关注。

1. 研读课程标准。基础教育课程承载着党的教育方针和教育思想，规定了教育目标和教育内容，是国家意志在教育领域的直接体现，在立德树人中发挥着关键作用。2017 年，教育部制定了《普通高中课程方案》和《普通高中音乐课程标准》（2020 年进行了修订），这是中学教育的指导性文件，教师和师范生上岗前必须认真研读、消化、领会，并在教育工作中践行。

2. 研究学习方法。教学的本质是学习，而“学习”是需要学习的。因此教育者应重视研究“学习”的发生、过程、方法、效果等，如世界五大学习方法等，从中找到最合适、最有效的方法以提高效率。

3. 改变讲述方式。人天生喜欢听故事，而反感“讲道理”。有人说，故事力就是领导力，故事力就是影响力，故事力就是沟通力。我们可以尝试着改变讲述的方式，改讲道理为讲故事，也许会有意想不到的收获。

4. 学习专业教法。所谓“教学有法”，就是指教学有一定的方法、原理、规律。音乐学科也有本学科独特的教学方法，比如当前国际上传播较广的“达尔克罗兹教学法”“柯达伊教学法”“奥尔夫教学法”、中央音乐学院在国内推广的学校音乐教育新体系等，在上讲台前多学习一点专业教学法，对教学的帮助无疑是巨大的。

5. 坚持以学定教。所谓以学定教，就是依据学情确定教学的起点、方法和策略，决不可目中无人“以案定教”或是“以教定教”。孔子说过要“因材施教”，不能千人一法。师范生要明确一个概念，就是“当前是为教而学，今后教是为了不教”。所谓“授人以鱼不如授人以渔，授人以渔不如授人以欲”就是这个道理。

6. 注重团队领导。担任班主任是中学教师的重要工作内容之一。要成为一个好的班主任，就要努力成为一个好的团队领导者。高师音教办学者可以考虑让师范生轮流担任年级、班级、小组、社团的牵头人，从而达到锻炼学生领导能力的目的。

7. 介入中学教研。师范生的就业目标是教师，要让师范生提前关注讲台，特别要以一线优秀教师为参照开展学习。在大学学习期间可以组织师范生观摩中学教师优质课比赛，或参与音乐教师集体备课等教研活动等，以此引领师范生尽早生成职业意识。

## 三、修炼全面均衡的艺术素养

改革开放以来，“一专多能”成为高等师范教育的培养目标，但教学实践中，受音乐学院教学模式的影响，往往对“一专”的关注多于对“多能”的关注。随着国家经济社会特别是教育工作的发展，21世纪以来，高等师范教育音乐专业的培养目标调整为“专业复合型人才”，更加强调注重人才的

“全面发展”。这既是对前期培养目标的修正和优化，更是对基础教育实践需求的应答。在培养“专业复合型人才”过程中，以下几个方面值得关注。

一是要注重学生专业素质的协调发展。教育部定期举办的音乐教师基本功大赛包括声乐、钢琴、自弹自唱、合唱指挥、舞蹈或器乐五个方面的基本功，可以视为是音乐教师最为基本和重要的专业素质，高师音乐教育专业在办学过程中应重点予以培养关注。同时要强调各基本功的协调发展，不能是唱得好但弹不了，或是弹得好但唱不了，否则上讲台就会是“拐脚马”。

二是要重视开好“自弹自唱”课程。 过去的高师音乐教育多数看重“舞台”，但对“讲台”“案台”重视不够，导致“自弹自唱”这门课程开得不够好，有的学校就根本没有开设这门课程，培养的学生上讲台缺乏专业自信，影响课堂教学效果。建议高师应重视自弹自唱课程建设，加强对口师资培养，同时可以尝试开设学生自弹自唱音乐会，推动“自弹自唱”学科建设。

三是加强高师教材与中小学衔接。如声乐、视唱、合唱指挥、器乐演奏等可以从中小学音乐教材中选择教学曲目；歌曲写作与改编、小型乐队编配等与高中音乐编创模块衔接，从而培养能快速适应基础教育课程改革的优秀音乐师资。

四是视情增设部分选修课程。根据基础教育音乐课堂的实际需求，高师音乐教育专业可以开设部分选修课程，如戏剧、戏曲、体态律动、舞蹈编创等，学生可采取专题、选修、专修等方式选课学习。

五是积极搭建音乐社团平台。通过搭建丰富多彩的音乐社团，如合唱团、乐队、戏剧社等，培养学生组建音乐社团的兴趣和能力，以便参加工作后在中小学指导学生社团能驾轻就熟，举重若轻。

## 四、拓宽夯实个人综合素质

苏霍姆林斯基曾谈到，优秀的教师要用一生备课。而这个备课不仅是“备”所学的专业和特长，还要“备”教师素质的方方面面。比如师范生的语言表达和交流沟通的能力，可以通过课堂演讲、小组合作等方式予以培养提高；比如丰富人文素养、了解姊妹艺术方面，可以通过倡导阅读、成立读书会、开设“美术鉴赏”“大学语文”等课程实现；比如现代教育技术、教学资料优化方面既可以专门开设相关辅导课程，也可融入“教学法”“教育实习”等有关课程中消化；比如论文写作、理论研修方面，可以通过课题研究、导师辅导等方式帮助提高。

总的看来，只要高等师范大学音乐教育专业办学者坚持以基础教育工作实际需求为导向，坚持以用定学，以学定教，坚持实事求是，改革创新，音乐师范生的培养质量就一定会越来越好，为我国音乐教育和中华美育精神的弘扬做出更大贡献。

参考资料：宋瑛《论高师音乐专业本科生培养目标和方式的变迁》

（本文作于 2021 年 5 月）

# 中学音乐教师大有可为

小美是师范大学音乐学院优秀毕业生，毕业后通过公开选考，幸运地被录用到某市直重点中学担任音乐教师。初入职场的她兴致勃勃，充满热情，可没多久她就发现学校关注点集中在高考学科，对非高考的音乐学科关注度不高，除了要求每年一次的文艺会演能拿出个好成绩之外，基本不太过问，加上身边中学音乐教师同行们过得都挺轻松自在，渐渐地，小美也就放松了工作上的追求，享受着悠闲轻松、得过且过的状态……

有人说，中学音乐教师的工作现状是“温水煮青蛙”，是“自由赛神仙”。纵观全国中小学音乐教师的工作状态，尽管也有不少在业务和工作上不懈追求、不断成长的优秀教师，但总体看来，像小美老师这样因各种原因逐渐放弃了工作和专业追求、自断前程、享受着所谓“舒适”生活的的确为数不少，且中学居多。原因是小学升学压力较小，在“五育并举”的背景下，音乐课越来越受到基层校长的重视，因此小学音乐教师工作外在压力和动力比中学大。

中学音乐教师真的难有作为吗？让我们来看看以下几位老师的成长故事。

颜业岸，海南省琼海市嘉积中学舞蹈教师，自 1992 年起从事舞蹈教学工作，他热爱教育事业，苦练内功，全身心扑在舞蹈教育事业上，其带领的合唱团，多次获得全国一等奖和金奖，并在国内外演出，中央电视台、《光明日报》等多次报道他的先进事迹。因其成绩突出，被破格评为“中学高级教师”“特级教师”，并被评为“全国模范教师”、2018 年度“全国最美教师”、党的十九大代表。

胡漫雪，深圳高级中学百合合唱团艺术总监兼指挥，从教28年，2012年7月获邀在国际合唱联盟青少年合唱教育大会上作为中方代表演讲，2014年率团在第八届世界合唱比赛中获现代作品组、室内女声组金奖，2019年在哥德堡世界合唱大赛暨第四届欧洲合唱比赛中，以96.75的超高分获得GP2青少年组冠军。

高至凡，原厦门六中音乐教师，以无伴奏的阿卡贝拉闻名。他曾带出风靡全国的中学生合唱团（厦门六中合唱团），经典曲目有《稻香》《夜空中最亮的星》等。他因病去世后，被中华人民共和国教育部授予“全国优秀教师”称号。

……

从以上事例可以看出，中学音乐教师不是难有作为，而是大有可为，关键要找准自我突破的路径。

要规划人生，自觉成长。哲学家苏格拉底说过：“未经审视的人生是不值得过的。”也有人说，平庸的人有一条命，是性命；优秀的人有两条命，性命和生命。是的，每个人的生命都只有一次，每个人都要慎重思考，自己要活出怎样的人生。只有活出自己想过且有价值的生活，生命才有意义。音乐教师可以有很多个人想法，但至少应该有一个很朴素的目标，就是做一名优秀的音乐教师。这既是为人师表的基本要求，也是保持活力的自身需要，更是彰显生命价值的不二选择。要做一名优秀的音乐教师，就要不断学习，自觉成长。之所以说要“自觉”，因为只有“自觉”，学习才真正发生。而只有“成长”，生命才散发出独特的光芒。成长既是为了实现人生理想和目标，又是践行生命本真的意义；成长关乎结果，但更注重过程，因为成长本身就意义非凡。成长可以让我们感受到“日日是新日”的收获感，成长可以带给我们“立己达人”的幸福感，成长可以让我们的朋友圈变得越来越优秀，同时，成长还可以使人体的机能处于良好和谐的活跃状态，有利于身体健康。总之，当你自觉于个人成长之时，你会甘之如饴，难舍难弃。

要找准方向，定点突破。也有年轻教师立志成为一名优秀的音乐教师，但苦于找不到路径。根据多年的工作经验，笔者的建议是："上好课＋带个团。""上好课"就是教师个人对音乐课堂教学要高度重视、深入研究、精心准备、精彩呈现、定期反思、常教常新，让课堂变得"有效""有趣""有思"。"带个团"就是根据学校条件和自身特长，主动选择一个艺术团进行课外辅导，比如合唱团、民乐团、管乐团、舞蹈队等，通过努力使之成为当地乃至全省、全国的艺术品牌。对于主客观条件不具备的教师也可从中"二选一"，然后要做的就是集中精力，定点钻研，假以时日，必有收获。西蒙学习法指出，对于一个有一定基础的人来说，只要真正肯下功夫，在6个月内就可以掌握任何一门学问。正如居里夫人所说，知识的专一性像锥尖，精力的集中好比是锥子的作用力，时间的连续性好比是不停顿地使锥子往前钻进。"一万个小时"定律也指出，不管你做什么事情，只要坚持1万个小时，基本上都可以成为该领域的专家。按每天工作8小时、每周工作5天计算，1万个小时就是5年时间。换句话说，只要专一去研究课堂教学或是指导艺术团，5年后你就是功力满满的音乐课堂教学高手或是优秀的艺术指导教师。

要保持定力，不为他惑。明确了方向，找准了路径，剩下要做的就是坚定前行了。"行百里者半九十"，就像唐僧师徒四人去西天取经一样，如何在前行的路上抵住诱惑、克服困难是成功的关键。一是要过"信念"关，要清醒地认识到"做一名优秀的音乐教师"不是外力的强加，而是直面优秀、自我成长的需要，无论办学条件是否优越，无论学校领导是否足够关注或是重视，无论外在动力和压力是否足够，都要坚定前行，一往无前，况且多数时候，努力和进取能逐步改变和优化工作环境；二是要过"利益"关，音乐教师因为身怀特长，经常会有家教、艺术活动等途径赚得外快，这只要在国家政策范围内适当为之也无可厚非，但决不能一门心思扑在“赚钱”上不能自拔，忘掉了教书育人的本业，决不能因牟利丢弃教师应有尊严、突破师德底线，唯利是图，甚至在所教学生身上牟利，如此则会因小失大，逐末弃本，悔之晚矣；三是要过“能力”关，在当今的中学音乐课程标准背景下，面对古今中外包罗万象的音乐形式和教学内容，任何优秀的高校毕业生都会发现自己的能力死角，觉得力有不逮，这很正常，不足为奇。但需要注意的是，我们必须根据教学和艺术工作需要，针对自己的短板，不断在实践中学习本领、补充能量、持续发展，让我们的能力逐步适应教学和艺术指导的需要，就是常说的“在战斗中学习战斗，在教学中学习教学”，唯有此，方能胸有成竹、迎难而上、一路向前，否则就会心存畏惧，面难而退，半途而废。

尼采说，我们的荣耀，不在于我们来的地方，而是我们要去的地方。是的，无论是何地何校的音乐教师，只要他选定了正确的前行方向，并执着向前，他的身上就会自带光芒，闪亮照人……

（本文作于 2019 年 12 月，原载于《教育研究》2021 年第 15 期）

第五篇

# 释回增美

九江七中的学风是“日知日新，释回增美”。本部分收录的文章多为作者在工作培训和学习中的感悟和体会，故称之为“释回增美”。

# 教学即研究　教师即研究者

## —— 品读《教育研究方法专题》

2020年初的寒假特别漫长，利用居家期间我细读了张莉、王晓诚编著由教育科学出版社出版的《教育研究方法专题》一书。据山东师范大学徐继存教授在《序》中所说，该书编撰的初衷是作为教育硕士培养的校本教材，编写中力求学术性、个性化、开放性，而我是带着“探寻教育科研规范之路”的“功利”想法开始了阅读。不承想，这本貌似工具书的读本却给人留下深刻印象，除简明清晰地介绍了教育研究的诸多方法外，还有不少观点值得品味和借鉴。

### 科学是一种求知方式

亚里士多德曾说过，求知是人类的本性。编者在《绪论》中开宗明义地指出：科学是一种求知方式。正如书中讲到的，很多人看到“科学”两个字，就会联想到白大褂、实验室、精密仪器等。一直以来，科学在我的印象中，是类似于“真理”的系统的知识体系。与自己固有观念不同的是，书中指出，求知是获取关于世界的知识和经验的过程，科学是求知的一种方式。此外，还有其他求知方式，如常识法、感官知觉经验、专家的意见、逻辑推理等。科学与其他求知方式不同之处在于它有两个重要特征：开放的思维和公开化的研究程序。一般会经历发现问题、查阅资料、研究设计、收集和整理资料、分析资料与解释结果等步骤。

“科学的”一定是正确的吗？我们通常认为“科学的”就是正确的，“科学的”就是真理。的确，探究确切的答案令人心动，然而，这正好与科学所要求的基本前提相反。事实上，将科学看作一种静态的、“正确的”知识体系是片面的，更为准确的理解是：科学研究是不断接近真理的过程。因此，所有的研究结论都是暂时的、有可能发生变化的，且容许提供佐证。

## 提倡写教育日记

观察法是教育研究中常用的方法，而日记描述法则是观察法中的一种重要方法，它是以日记的方式记录观察对象的行为表现或教育现象。苏霍姆林斯基曾经说过：“我建议每一位教师都来写教育日记。教育日记并不是什么对它提出某些格式要求的官方文献，而是一种个人的随便记录，在日常工作生活中就可以记。这些记录是思考和创造的源泉。那种连续记了10年、20年甚至30年的教师日记，是一笔巨大财富。每一位勤于思考的教师，都有他自己的体系、自己的教育学修养。”

最早运用这种方法的是瑞士教育家裴斯泰洛奇（J．H．Pestalozzi），他以观察日记的方式对儿童自然发展进行描述，于1774年出版了《一个父亲的日记》，在日记中记录了自己孩子的生长、发展情况，同时，对母亲的早期教育作用及其他对儿童生活有重要影响的因素进行分析。著名儿童心理学家皮亚杰也是以主题日记描述的形式对自己孩子的认知发展进行观察研究，并写成了《儿童心理学》一书。我国最早使用日记描述法的是教育学家陈鹤琴，他对自己的孩子进行跟踪调查，做了详细的观察日记并拍了几百幅照片，在此基础上于1925年写成了《儿童心理之研究》一书。而苏霍姆林斯基著作中的大部分资料也是靠长期观察记录得来的。他为了研究道德教育问题，仔细观察并研究“差生”和“调皮学生”的心理状态、行为表现，曾先后对大约3700名学生做了观察记录，能够指名道姓地说出25年中178名“最难教育”的学生的曲折成长过程。

细细想来，写教育日记好处多多：一是可以积累第一手教育资料；二是可从中找出教育规律；三是及时反思改进工作。特别是第三点，当教师养成教学反思习惯的时候，就进入了成长加速期。美国心理教育学专家波斯纳（posner）提出了一个公式：教师成长＝经验＋反思。我国著名教育家叶澜说过：“一个教师写一辈子教案不一定成为名师，如果一个教师写三年反思可能成为名师。”有学者认为，21 世纪教师最重要的能力之一是自我反思能力。“我思故我在，我思故我新”，而教育日记恰恰是教师自我反思的上佳平台，便于操作，简明易行，持之以恒，必有所成。

## 教学即研究　教师即研究者

近年来，浙江省淳安县区域推进教师在教学实践中开展“小课题研究”的“淳安现象”引起了教育界的广泛关注。小课题研究引导教学确立“教学即研究”“教师即研究者”的教育信念，循着“学习型教师— 发展型教师— 科研型教师”的轨迹成长，引导广大教师积极探索和总结教育教学的规律与方法，努力形成独具特色的教学风格，从而成为教师专业发展的有效途径。上述这种教师在教育实践中开展教学研究的教育研究方法就是教育行动研究。

《教育研究方法专题》一书对多种教育研究的方法进行了介绍，但令人印象最为深刻的就是教育行动研究。教育行动研究是行动研究在教育领域中的应用，具有“为行动研究”“在行动中研究”“行动者的研究”三方面的特点。它包括确定问题、制订计划、采取行动、实施考察、反思改进等相互关联、相互影响的环节。教育行动研究提倡教师参与研究，教师即研究者，要求以教育教学实践中的问题作为研究的出发点，这样研究结论和解决问题的方案源自教师的实际工作，而不是自上而下地推行。由于研究主题与实践主题紧密联系乃至统一，研究与实践就达到了新的高度统一。教育行动研究对于提升教师教学水平有促进作用，加强行动研究更符合我国中小学加强教育科研的发展战略，是基层教师开展教育科研的正途。

如人民教育家于漪老师就提出并实践过“三次备课两次反思成名师”的行动研究，即上课前第一次备课不看任何参考书和文献，完全自备，第二次备课广泛涉猎，仔细对照，扬长避短，第三次备课边教边改，课后再次备课。两次反思是：一次是围绕经验和理念的反思，一次是围绕设计与现实的反思。这种以教案的设计、反思与再研究为主线的成长模式，成为教师专业成长的捷径。

（本文作于2020年4月，原载于《九江社会科学》2020年第2期）

# 要成绩，还是成长？

南京一中是一所有着深厚文化底蕴和丰硕办学成果的百年名校，走进古典大气、绿意盎然的校园，令人心情宁和，肃然起敬。该校现任校长朱焱是一位温文尔雅、学养丰厚的教育专家，在和朱校长交流的过程中，当谈到高考成绩时，他慨叹道，我们的压力很大。作为高中校长的同行，我们自然对朱校长的压力感同身受。

2020年高考南京一中共有559人参考，其中一本过线533人，一本过线率95.34%，文科一本率更是高达100%，算得上学校历史最好成绩，还有两位同学录取到中科大少年班。但家长们并不买账，认为高考没有出清华、北大等顶尖名校，成绩不理想，并指出高考不理想的原因是过分重视素质教育，对应试未予以高度重视。随后，该校发布《告2021届高三家长书》，明确回应下一步将加强教学管理、备考研究和尖子生培优。

高中学校办学到底是要学生的“成绩”，还是学生的“成长”？这个问题回答起来不难，大体就是既要成绩，又要成长。李希贵校长也说过，我们当然要重视分数，但更重要的是要看分数是如何得到的，是在全面育人基础上，还是只追求应试得到的。从上述答案大致可以得出以下几点理解：理想状态是既有成绩，又有成长；如果不能兼得，大体应是成长优先于成绩；只有成绩没有成长为最次。但在实际办学中，“成绩”和“成长”似乎不太容易相得益彰，在有的校长看来，甚至是带有相斥性，为了提高成绩，只能牺牲“成长”了。

J省在近期开展的一次对全省中小学“晒课表”明察暗访后通报指出，

在体育美育课程开设上，有60%以上的学校没有按国家规定开设，有的开设了的课程被挤占和随意上课现象严重。总的看来，体育美育课程开课情况是市直学校优于县区学校，公办学校好于民办学校，小学好于初中，初中好于高中，民办学校和高中学校为追求升学率缩减了体育美育课，在初三和高三年级问题尤为突出。

有的校长谈起素质教育洋洋万言，头头是道，转过头就是一丝不苟、扎扎实实搞应试教育，骨子里认为只有把成绩弄上来才能真正地安身立命，才能把学校办成所谓的“名校”。因此在办学中大肆挤占学生正常休息、锻炼和非高考科目学习时间，想方设法增加考试科目的学时，试图通过“车轮”战法、“疲劳”战术取得高考先机。确实，有不少学校因抓应试产生的高升学率而备受家长推崇，学校和校长也因此出名，使之越发对“唯分数”论顶礼膜拜。

2021年两会期间，全国政协委员、江苏省锡山高级中学校长唐江澎在全国政协十三届四次会议第二场“委员通道”上表示，分数是重要的，但不是教育的全部内容，更不是教育的根本目标。学生没有分数就过不了高考，但只有分数，恐怕难赢得未来的“大考”，教育不能只关注升学率。唐校长认为，好的学校应当培养终身运动者、责任担当者、问题解决者和优雅生活者。唐校长的讲话在网络上被广泛传播，也因此成为“网红校长”。

但此后不久，有教育同人认为“分数对高中学校来说至为重要，是学校的生命线，应当先有分数，再考虑其他”，而对唐校长“教育不能只关注升学率”的说法提出质疑。为此，在“2021年高中教育发展论坛之走进锡山高中”的会议中，唐校长在主题报告《锡山高级中学和她的“四个者”实践》中特意解释，他所表达的意思是，“高中学校应当关注高考成绩，但更应关注学生成长”。

笔者认为，唐江澎校长对教育的理解和表达是非常清楚也非常符合教育之本义，对唐校长进行质疑的同人也并不是不能理解唐校长的表达所指，而是严酷的竞争使他们对教育的理解和认知变得“现实”。

有人说，教育被一种巨大的力量所裹挟，多数时候不能自已。有人说，学校只要有成绩，说什么都是对的，没有成绩，做什么都是错的。君不见往年高考后，社会上对“高考状元”乃至“清北”上榜考生的热议和追捧，背后映衬的是 99% 以上的绝大多数考生的沉默；君不见中国有那么几所高考名校尽管备受争议，但仍然有不少狂热的追捧者，并在不断复制所谓的考试经验；君不见有真正的百年名校若偶尔一次“清北”等高考尖子生不够家长预期，就能被家长们说“吃进去的是奶，吐出来的是草”而备受指责，甚至走马换将。教育的理想再丰满，也会被这残酷的现实击得粉碎。

我相信，绝大多数校长都有一个梦想，就是希望自己所在学校的学生既能全面发展、健康成长，又能在应试中脱颖而出。但在把握“成绩”与“成长”两者的“度”上何其难也，更难的是家长对高考成绩的巨大期望值和社会舆论，这种力量虽是无形，但大到惊人，大到足以改变学校的正常生态，让办学者不得不如履薄冰，万分小心。为此，最稳妥、保守的做法就是挤占学生的全面发展空间，集中精力抓成绩。

近年来，芬兰的基础教育广受赞誉，号称全球质量第一，除了高素质的教师和高水平的教学体系外，它的背后还有很多积极的社会因素，让教育更加从容和淡定。比如教育资源丰富，可以实施 20 人左右的小班化教学，家长广泛认同且高度发达的职业教育，当地人大学毕业后无论专业和学历高低人人可以找到工作，除外科医生和律师薪水略高外其他岗位大体相当，足以使生活富足，等等。从上述情况不难看出，“唯分数”论的问题根源在教育之外，它是一个综合的社会问题。当就业形势严峻，人才竞争更加激烈的时候，当职业教育遇冷、普通高中挤爆独木桥的时候，当子女数量减少，父母期望值和焦虑感增加的时候，教育不可能独善其身。

尽管教育的环境还有待进一步优化，目前的现实与理想仍有差距，但作为教育人的理想不能变，信念不可屈，情怀不能无，要利用一切时机、形式和手段，用我们的专业认知去引领社会的教育观念走向，而不是随波逐流，委屈迎合。

有一位同人说得好，教育人哪怕深陷阴沟，也要仰望星空。是的，尽管当前的教育环境带给办学者的压力较大，但无论如何，我们为党育人、为国育才的初心不能变，立德树人的根本目标不能变，决不能为眼前利益而竭泽而渔、拔苗助长，要在全面育人的基础上，从课堂教学、学科教研、学风校风、教师成长等方面下功夫，力争做到“成绩”与“成长”双丰收，正如李希贵校长所说，不唯高考，赢得高考！

（本文作于2021年5月，原载于《乐在其中》总第22期）

# 细节的力量

## ——听黄宝国教授《做一名有自己教育思想的校长》报告有感

我们常说“细节决定成败”，大意指的是讲究细节能决定事件的走向。据说这条谚语的出处在英国，1485 年，在英王查理三世与亨利伯爵之间一次决定新国王归属的决战中，因为战前马夫给马少装了一枚钉马掌的铁钉，查理三世在激战中马失前蹄而坠马战败，乃至丢掉了性命和王朝。

尽管对“细节决定成败”这句话耳熟能详，但听到宝国教授在《做一名有自己教育思想的校长》报告中讲到亲身经历，并发出“尊重体现在细节”的慨叹时，笔者仍然不禁怦然心动，感慨良多。

据宝国教授讲，河南省有一个单位费尽周折邀请他去讲学，到当地后，原本对河南印象不好的他因为主办方一个个细节，改变了他的观点。主办方在宝国教授下榻的宾馆大屏打上了欢迎“宝国教授讲学”的标语，让一进门的他倍感温暖。他进入房间后，发现床头边有两个床头柜，一个柜子上摆放着一枝玫瑰，亭亭而立，煞是亮眼，另一个上面摆放着一张详细的食宿生活指南，其中详细标注了诸如早餐出宾馆大门后往右走 20 米即到等具体说明，让他这个对方向不敏感的人内心相当踏实。最让他惊诧的是，他发现房间办公桌上摆放着一个相框，远远一看，相框里的人似曾相识，拿起来仔细端详，竟是他过去在外地讲学时网络上刊出的照片。一个个暖心的细节，让宝国教授宾至如归，如沐春风，至今难忘，并深深感叹道：优秀体现在细节，尊重体现在细节！

听到宝国教授讲述的故事，我们不由得对“细节”有了新的认识且充满敬意。一位学友也主动分享了他的一次亲身经历。那是几年前，他参加在江西省某县一中举办的“全省班主任工作交流大会”，那一届大会共有三百多位代表，人数众多，但每位代表在会前都接到了会务承办单位打去的会议引导电话，每位代表会前赶到当地汽车站、火车站时，都有一对一的家长或是教师志愿者接待接送，每一位代表到达酒店后办理入住手续都因为提前做好了功课而不超过三分钟……所有这些细节都让与会者印象深刻，纷纷点赞！

是的！俗话说得好，“以小见大”，细节都能做好，大节还有什么不放心呢？所谓细微之处见真章，细微之处见真情，细微之处见风范，就是这个道理。

“细节”既然如此打动人心，理应成为我们教育工作者的工作法宝，而不仅仅是工作接待的秘诀。

李希贵说，作为教育管理者，最重视的是一切有可能影响教师积极性的事情，处理一定要慎重。教师是学校发展的第一要素，我们可以通过“细节”让教师感受到学校对他们足够尊重和关注，从而增强教师的主人翁意识和工作责任感。比如要关心教师的身心健康，组织丰富多彩的教师社团和文体活动调剂教师心情，控制教师工作量上限并定期组织体检，排除身体隐患；邀请教师家属参加工会活动，融入学校集体，邀请优秀教师家属参加表彰大会，增强家庭荣誉感；教师节、教师从教三十年、教师生日、教师退休等重要节日活动要有仪式感，送上荣誉证书、蛋糕等礼物；畅通学校民主治校渠道，听取教师意见建议，重大事项交由教代会决定，不断提升教师的幸福感和责任感，使之乐于成为学校的主人。

学生是学校真正的主人，教师要善于利用“细节”引领学生成长。要让学校的每一面墙、每一个角落都是孩子喜欢的样子，要尽可能开设符合学生身心特点的各类教育活动，让学生健康快乐成长，要注意与学生交流的一言一行，因为对于爱，每一颗心灵都最是敏感，要观察学生的一举一动，从中掌握他们的情绪状态和心理变化，发现问题及时引导。要善于通过细节提升学生的学习力，比如强调按记忆规律来进行朗读背诵，强调书写规范优化书面表达能力，强调仪容仪表来规范学生行为乃至养成好的生活学习习惯。

家长理应是教师开展教育工作的坚定盟友，但见诸报端的许多事例无不说明，实际上许多学校的家校关系并没有想象的那么好。学校在家校合作中，用心做好“细节”有利于形成良好的家校关系和教育合力，提升教育效果。比如，对家访的流程和教师基本用语进行明确，避免年轻教师不知所云或是语言不当造成不必要的误解；在每年一度的教学开放周要让每一位进校的家长都有无处不在的行动指引，都有学生或教师志愿者的陪伴，都有精心安排的活动，都能够和本班班主任或是教师进行交流，让家长宾至如归，感受温暖；要定期召开学校、年级、班级各级家委会，听取家长建议，吸纳家长代表参与学校治理，等等，只要坚持真心诚意对待家长，家长在学校教育中产生的助力有时会大到超乎想象。

是的，细节体现责任、细节体现态度、细节体现创新，一位教师、一位校长或是一所学校，如能在工作细节上精雕细琢，其教育事业必可占得先机，更加接近成功！

因为，细节改变认知，细节决定成败，细节力量巨大！

（本文作于2021年3月，原载于《九江教育》2021年第3期）

# 心怀理想　清风自来

## ——江西省第四期名校长培训班第一次培训学习体会

浙江师范大学李润洲教授在江西省第四期名校长培训班上的讲课中说道：好题一半文，作文者要做到“题不惊人思不休”。按照教授要求，本人写下的文题虽不惊人，却也着实经过了一番思考。

前不久，一位朋友和我聊天说，通过看我的朋友圈，发现我也是一个有书卷气的人。我笑着回道，当校长不能有太多书生气，因为书生气太多可能会办所谓的“傻”事，对学校发展不利。但校长一定要有书卷气，如果连校长都没有书卷气，学校又怎会有书卷气？我们的老师、学生又怎会有书卷气？不仅如此，校长还应该有点理想，办好学校和教育的理想！

### 我们的荣耀在于我们要去的地方

江苏南菁中学校长杨培明先生在培训期间给我们做了一个精彩的报告，报告讲述了南菁中学的办学历程和经验，令人敬佩。他在报告的最后和大家分享了他的几点人生感悟，印象最为深刻的是尼采说的一句话：我们的荣耀，不在于我们来的地方，而是我们要去的地方。

尼采不愧是大哲学家，思想深邃，目光如炬，这句话看似与常理相悖，实是揭示社会生活中隐而不露的价值取向，闪耀着金子般的光芒！正如我们记住了谭嗣同，不是因为他为变法做出过丰功伟绩，而是因为他的“我自横刀向天笑，去留肝胆两昆仑”，因为他有着为国运昌盛甘愿以死警人的崇高理想和无畏精神。同理，我们记住了方志敏，不是因为他为革命胜利做出多么巨伟的贡献，而是因为他临死不惧，高声疾呼“挺身而起，为积弱的中国奋斗”，因为他对共产主义有着坚定信仰，并以生命来践行之的精神使然。因此，通俗地理解尼采这句话，就是当我们有了伟大的人生理想时，浑身都会散发出夺目的光芒。

人是需要理想的，而校长则更加如此。因为校长的工作就是要千方百计给学生赋能、给教师赋能，让他们的未来增加多种可能性。如果校长都没有理想，那教育还有希望吗？曾有一位前辈校长在多年前和我说过一句话，“我要像苏霍姆林斯基一样办一所帕夫雷什式的学校”，他说这话时两眼放光的神情我至今难忘。

心怀理想，清风自来；心怀理想，人恒敬之！校长是否能真的办出帕夫雷什式的学校其实不重要，重要的是校长要有办好学校的担当、要有为之奋斗的激情、要有锲而不舍的努力、要有淡泊守正的坚定！唯有此，中国的教育才充满希望，值得期待！

## 名校长一定要做研究

朱晓颖老师在上课中旗帜鲜明地提到“名校长一定要做研究”，本人深以为然。百度百科里对校长的职责是这样描述的：“校长的职责大致可分 4 类：行政职责；辅导职责；指导职责；研究和实验职责。”因此，从这个标准来看，不仅仅是名校长要做研究，而是所有校长都要做研究，否则难以成为一名有所作为甚至是称职的校长。

校长做研究的好处多多，比如可以通过做学术研究成为教育管理和教育教学方面的专家，成为广大师生的学术楷模；可以通过课题研究解决教育教学中的各种问题，促进学校快速发展；可以通过学术研究带动更多的教师和学生参与研究，浓厚学校的学术氛围，建设学术型、研究型校园；可以将教育管理和教学方面的典型经验总结、传播，为更多的校长办好学校提供参考，等等。

而要成为一名优秀的校长，则更要在做研究方面下功夫了。做研究可以让校长对教育的认识更加深刻，做研究可以让校长的办学理念更加系统，做研究可以让校长解决问题的办法更加有效，做研究可以让校长的学风更加严谨…… 因此，尽管这次培训班对学员的要求貌似有点严苛，却是校长成长的必由之路。相信在学院老师的指导和敦促下，同学们必定会在研究的路上迈出喜人的步伐。

## 不能丢失的教育初心

江苏省师训中心严华银教授在报告《转型：走向2035的中国校长》中讲了一个县区教育局局长“摔杯子”的故事：我国中部某省有一县区中学在当年高考中放卫星，一位男生被清华大学录取，这已是该县多年未闻的好消息。当地教育局局长闻讯后逢会就赞扬那位被录取的高才生，说其英俊多才，能文能武，是学校素质教育培养的典范云云。后来在一次私下的聚会上，有一位校长得知该局长的千金当年也高考并录取北京某高校，则打趣迎合说，也许两位才子佳人日后会成为郎才女貌的一对了，谁知该局长听闻此话后大为震怒，当即摔掉了手中茶杯，弄得大家不欢而散。后来该局长解释生气的理由说，平时赞扬那录取清华的男生是因为工作需要，实际上那位男生因为读书高度近视，背脊因为长久低头学习之故平日也伸不直，没有一点男生的阳刚之气和青春朝气，这样的孩子如何能健康成才？

故事初听似开心小菜，细思则令人唏嘘。我们的教育怎么了？为什么我们学校培养出的所谓人才只在分数上被认同？为什么考试的成功一定要以牺牲其他为代价？我们的教育为什么如此功利？我们的教育初心去哪了？

当然，关于“初心”的标准答案是明确的。在2018年9月10日的全国教育大会上，习近平总书记强调：“要培养德智体美劳全面发展的社会主义建设者和接班人，办好人民满意的教育。”怀海特也曾说：“学生是有血有肉的人，教育的目的是激发和引导他们的自我发展之路。”总之，决不能是只会考试的畸形人才。

一位教育同行甚至打趣道："好教育就是要把男学生当自己女婿培养，把女学生当自己媳妇培养。"细细咀嚼这句玩笑话，其实是话糙理不糙，真要是教育自己家的孩子，首先考虑要让他们身体好、品德好，然后才是会读书嘛！

之所以出现上述问题，大多是因为社会竞争压力增大，教育被狂热的家长和社会舆论所裹挟，一味向分数看齐，一味以录取为标准，这既是当今的教育之殇，也是对教育工作者和校长们的极大考验。因此，校长们在工作中一定要不忘教育初心，牢记树人使命，始终保持清醒头脑，按照教育规律办学，善于在教育教学管理工作中找到应试和高质这两者的平衡点，让我们培养的学生既能积极回应社会关切，又能实现教育初心，成为五育并举的人才。正如李希贵所说的"不唯高考，赢得高考。"同时，要采取多种途径输出和引领社会各界、学生家长的教育观念，改造我们的教育土壤，长此以往，必将形成合力，共同推动我们的教育科学、健康、快速发展，真正办好江西人民满意的江西教育。

（本文作于2019年12月，原载于《乐在其中》总第20期）

# 学习 人本 创新

## —— 全国第 16 期县市教育局局长培训班学习有感

受组织委派，有幸在北京国家教育行政学院参加了全国第 16 期县市教育局局长培训班，为期 3 周的学习下来，受教匪浅，感触颇多，个人认为至少有三个方面的意识得到有力强化。

一是学习的意识。陶西平老师在报告中说：加快教师专业化进程是提高教育质量的成功策略。这使我进一步认识到，做好工作的关键是靠人，靠高素质的人。而高素质的人关键靠培养和学习。因此，教育工作要有大的发展，必须坚持不懈地抓好教师、校长乃至教育管理干部的专业学习。这一次，我特别感受到教育管理干部加强自身专业学习的意义重大。教育管理干部特别是领导干部是区域教育系统的指挥者，他们对教育的理解、认知直接影响到当地教育的发展走势。从当前现状看，有部分教育部门的领导是从党委、政府部门交流过来的，他们在宏观把握、大局观念、政策水平、外部协调、综合素质方面有着明显的优势，但是教育局作为政府下属的业务行政部门，具有其独特的专业性。面对这种要求，教育管理干部只有加快学习，熟悉教育，特别要把握好教育的内核和本质，才能保证教育的方向准确、方法得力，并实现又好又快的发展。教育部举办教育局局长培训班可谓立足高远，把握要害，使我们受益匪浅。

二是人本的意识。胡新懿老师在报告中说：素质教育要坚持以人为本。通过这次学习，我对“以人为本”这个概念有了更深刻的认识，特别有两个方面触动很深：第一，学校的德育工作必须坚持以人为本，促使学生成人。最近，我在网上看到中国50种毒食品的报道，可谓触目惊心。这50种毒食品涵盖了油盐酱醋、大米、面条、水产品、猪肉、矿泉水、奶粉等几乎是我们平时每日的必食品。这些毒食品的出现，充分说明了个别国民的道德素质没有底线，已经到了骇人听闻的程度。作为教育人，我们可以说，这些道德败坏人的出现不能将责任全部归于教育，但是，我们不能说，这些人和我们的工作没有一点关系。当我们只重分数，忽视德育，甚至教学生作假的时候，殊不知，学生的灵魂正在被不断扭曲。陆士桢老师在上课时曾评价我们未成年人思想道德建设的问题是“脱离实际、脱离主体”。我想，我们教育首要的目的是培养学生成人，如果连这个目标都忽视，还何谈质量？面对如此现状，改进我们的德育，坚持以人为本，已经迫在眉睫。第二，学生能力的培养必须坚持以人为本，促使学生成才。过去有句话叫“百无一用是书生”，著名的教育家陶行知先生早就批判了这一观点，并身体力行。可现代的教育却在重复着过去的错误，现在大多初中生、高中生甚至是部分大学生，毕业后除了会考试，没有一技之长或是特长，不知自己今后的路在何方，这不能不说是一个大的失败。张力教授在授课时告诉我们，国外教育发达的地区教育有个明显的倾向是注重学生的技能培养，而我们的教育过于注重书本知识的传授。教育家吕型伟也曾说过：人人有才，人无全才，扬长避短，人人成才。我非常赞成上海建平中学培养学生“合格＋特长”的办学目标，从建平中学毕业的学生都有自己的特长，为以后的发展和成才指明了方向。因此，我们的教育要更加注重学生技能和特长的培养，为每位学生的成才奠定基础。

三是创新的意识。杨东平老师在报告中说，当前教育的主要矛盾是人民群众日益增长的教育需求与落后的教育体制的矛盾。要推进教育的发展，必须加快教育体制、制度的改革和创新，并提出教育制度的改革创新要因地制宜和自下而上。“创新”这个词我们是耳熟能详，熟悉得甚至有点漠然。但这次学习让我重新认识到创新的重要和弥足珍贵，铜陵、潍坊、成都、上海等地的创新实例实在令人触动，令人尊敬，特别是山东省推进素质教育的做法令我耳目一新，印象深刻，极大鼓舞和坚强了我们的勇气和信心。我想，如果我们都能像山东一样，不文过饰非，不粉饰太平，不安于现状，不小富即安，立足本土，创造条件，开动脑筋，敢打敢拼，大胆创新，我们离实现办人民满意教育的目标就真的不远了。

（本文作于2008年9月，原载于《九江职教研究》2008年第1期）

# 创新改变教育　艺术点亮人生

## ——江西省第三、四期名校长培训班（杭州）第三天培训小记

2020 年 11 月 24 日，星期二，也是江西省第三、四期名校长培训班在杭州培训的第三天。上午八点半，在欧洲歌剧动人心魄的音乐声中，我们开启了一天的课程。

上午给我们上课的是张博老师，他给我们带来《音乐与人文素养》的报告。贝多芬说，音乐是比一切智慧、一切哲学更高的启示。在第一次看到杭州培训课表时，就为课程中安排了音乐课而击节点赞，感觉这堂音乐课给整个培训课程带来了一抹亮色，令人期待。

给我们上课的张博老师长相俊秀，艺术范十足，以前也有所耳闻，据说他讲课反响很好。他毕业于上海音乐学院，现在是杭州室内乐艺术中心总监、杭州弦乐文化艺术有限公司董事长。伴随着不同时期的经典音乐，他娓娓道来开始讲课，独特的艺术魅力和强大的气场吸引着各位学员，一刻也不走神。

整堂课围绕着“建议”展开，他第一个建议是希望各学员家里要设置一个专门的人文书柜，设几个标签，分别有音乐、美术、文学等内容，可设古希腊古罗马时期— 中世纪— 文艺复兴— 巴洛克— 古典主义时期— 浪漫主义时期— 现代主义时期等几个时期，并利用业余时间加强人文修养。比如家庭里可以采取每周共读一句诗、共赏一幅画、共听一曲音乐的方式加强人文艺术修养；再如可以听听巴赫的哥德堡变奏曲（专治失眠），看看《艺术博物馆》（湖南版）、《世界简史》、陈丹青的《看理想》等经典

专著，享受艺术大餐。

第二个建议是在选择艺术学习的方向上擅长比兴趣更重要，因为擅长可以让人走得更快更远。比如有的人热爱小提琴，但左手四指偏短，则不宜把小提琴作为学习的主攻方向。

第三个建议是要安排好学习生活的时间以提高效率。学习是伴随一生的，如不安排好作息时间，则会影响学习效果。同时，要精心布置好家庭书房，配置好音乐欣赏设备，如高保真音响、电子管功率放大器、蓝牙接收、客厅蓝牙播放器、耳机等，在学习疲倦时一起听音乐，既可增强艺术感知，又可缓解疲劳。

第四个建议是各年龄段学习乐器的选择方向。具体是：3 岁半—6 岁半钢琴，6 岁半—9 岁半大提琴，9 岁半—12 岁半管乐器，青春期— 功能性乐器，如合成器、效果器、贝斯、民谣吉他、架子鼓等，40 岁以后—古典钢琴、古典吉他、古琴等。（男孩子推迟半岁，鼓励家长陪，反对专业陪练。）

第五个建议是要了解音乐的各种社会功能：一是让人平静的音乐，重大特殊时期用颂钵型音乐，例如徐清原的《彼岸》（用文化的视角面对宗教问题）；平时用 snatam kaun（瑜伽）；二是胎教音乐用 lap；三是青春期引导用 dominll miller；四是阅读、写作时用巴赫的长笛奏鸣曲（BACH COMPLETE finte sanatas）；五是运动健身用 fourplay。

伴随着美妙的音乐，三个小时转瞬即过。总的看来，张博老师这堂课给辛苦奋斗在教育一线的校长们带来了一种新的生活理念：音乐原来如此美好，生活理当更加人文，艺术可以点亮人生！

下午上课的是浙江大学教育学院的祝怀新教授，他给我们带来的是《新时代基础教育的变革与发展》。虽然类似这个主题的报告我们多次听过，但由于祝老师扎实的功底、深厚的学养，听完还是令人受益匪浅。该报告可概括为三个关键词。

一是创新。学生观的转变应从知识接受型转为创新型。习近平总书记强调，教育要在增强学生综合素质上下功夫，引导学生培养综合能力，培养创新思维。学习知识是手段，目的是解决问题，即用已知解决未知，不能把手段和工具作为目的，不能成为“孔乙己”式百无一用的学究。

二是专业化。教师观的转变要从知识传播者转为专业化人才。只有教师实行专业化，教育才会专业化。要适当提高教师专业化门槛，不能不设槛或设槛过低，不要让爱因斯坦教物理，不要让贝多芬教音乐。要把“同伴互助”作为教师专业化的策略（拥有“同伴互助”的教师比独自工作的教师更容易运用新的教育策略和教学方法），在加强备课组建设的同时，要加强班级任课教师团队建设，注重调查研究，解决问题，推进工作。

三是建构主义。教学观的转变要从行为主义转为建构主义模式。简单地说，行为主义就是以教师为主，教学活动自上而下，建构主义就是以学生为主，教学活动自下而上。提倡建构主义，就是要把学习的权利还给学生，让学生做学习的主人。同时，教学活动按照学生的年龄特点进行，注重学生个体差异，注重学生体验和社会交往，注重问题导向，注重学生学习互助，共同进步。

一天下来，尽管因为听课全神贯注而略显疲惫，但大家课后依然兴致勃勃，互动良多，即便晚餐期间还在交流心得，切磋体会……

记得习总书记指出，创新是民族发展的不竭动力。也有人说，语言的尽头是音乐。“艺术点亮人生，创新改变教育。”我想，这应该是各位学员今天学习的最大收获了！

（本文作于 2020 年 11 月）

附　录

# 尚美崇德　以美育人

美不仅令人赏心悦目，还可以培养人的健全人格、良好气质、高雅情趣。在学生生长的关键期，让学生更多地认识美、理解美、鉴赏美，对学生性格的形成、对世界的理解和表达以及思考事物的方式有着积极影响。江西省九江市第七中学（以下简称“九江七中”）的“尚美”文化便是以学校美育特色为切入点，引导广大师生认识美、发现美、鉴赏美、崇尚美、践行美、创造美，不断完美自我，实现美好人生。

九江七中坐落在巍然屹立的庐山下，琉璃千顷的长江边，于 1973 年创建在浔阳城东。近 50 年的办学历史给予了其丰富的文化底蕴，近年来，九江七中大力倡导“向美而行，乐在其中”的“尚美”文化精神，重内涵发展，办优质教育，取得了丰硕成果。自办学以来，九江七中获得“江西省重点中学”“江西省艺术教育示范学校”“江西省普通高中特色学校”“全国青少年校园足球特色学校”“全国中小学国防教育示范学校”“全国青少年校园篮球特色学校”等荣誉称号。

## 尚美校园树立良好品德

九江七中的“尚美”，美在校园。学校将尚美文化融入校园环境中，尊重并欣赏每一名学生的天性，让校园文化建设与美浪漫相遇，创造“尚美”氛围。

九江七中将打造尚美校园环境当作“尚美”校园文化建设的第一步。

学校以打造“全市最美最有艺术气质的园林校园”为目标，努力让一草一木一石一事都成为美的使者，成为教育资源。漫步九江七中校园，这里有小桥流水亭阁，亦有茂林修竹鲜花，创造美的感官；这里有艺术雕塑引人注目，亦有丹青园书画令人驻足，营造美的氛围。

除了校园景观，学校更是精心打造了“廊道文化”，力求师生可以处处亲近美，时时遇见美，让廊道变成美的世界，成为美的导引。学校建筑外墙展示的学生绘画作品，教室廊道上的班主任寄语、网格化管理细则、精彩纷呈的班级照片、激人奋进的至理名言等，无不体现出了一种浓郁、赏心的艺术氛围。通过对相关设施的精心布置，学校的廊道文化和学校文化有机融合，营造出一个特定的育人情境，学生置身其中，得到美的享受，受到心灵洗礼。

美的校园环境赋予了“尚美”校园文化建设的外在，但只有校园制度的美化才能激活“尚美”校园文化建设的灵魂。学校围绕“尚美”文化，坚持以师生发展为本，不断优化完善管理制度，构建幸福校园。如对学校重大事项采用民主商议的形式，对学生教育管理利用家校“互动制”模式，对教师坐班采取弹性制，对干部管理采取目标化考核方式等，促使广大师生形成良好的行为习惯、健康文明的生活方式、高尚的道德情操和积极向上的精神风貌。

学校“尚美”校园文化建设坚持“基于师生”理念，相信只有师生参与建设的文化才是真正的学校文化。把学校中教学楼的命名权交给师生，把学校中各种标语的书写工作委托给师生，让每一名师生都成为学校文化的一部分，让校园文化带给学生归属感。

## 尚美课程带来个性发展

九江七中的“尚美”，美在课程。学校在“尚美”文化的统领下，开发利用学校优质丰厚的美育资源，通过开设“尚美”特色课程，实现学校“文化”“艺术”两方面的统一。课程改革中极具特色且核心的是“九会一特长”课程，也称“9+1”课程。

“9+1”课程是通过对学校音乐、美术、体育、语文、英语、综合实践等课程进行改革组合，实现以下教育目标：所有学生会唱一首民歌、会跳一支民族舞、会演奏一种乐器、会画一幅素描、会写一手好字、会一项体育项目、会一种手工剪纸、会一种语言的演讲、会做一项家务劳动，并使其中一项成为自己的特长。

“9+1”课程的开设，让每一名学子都能通过更多课时学习艺术技能，从而产生较深入的美感体验，增强对“尚美”文化的认同，也达到了提升学生综合素质的目的。“9+1”课程的开设，实现了美育课程由过去面向“部分人”到面向“所有人”，由过去只有“高中”到“初高中全覆盖”，由过去“只牵涉到艺术高考科目”到“多数科目乃至全部科目”的目标，可以说，“9+1”课程是“尚美”课程改革中生动亮丽的一笔，也是体现“尚美”文化因子的一笔。

随着学校对“尚美”文化越发深入探索，“尚美”课程的覆盖面也越来越广，九江七中放眼世界，将“尚美”课程拓展到了“尚美”国际课程。学校不仅开设了第二外语课程，而且每年定期组织召开国际交流日活动，与国际结对子学校相互交流，通过活动让广大学子观察世界、了解世界。

“纯粹之美育，所以陶养吾人之感情，使有高尚纯洁之习惯，而使人我之见、利己损人之思念，以渐消沮者也。”九江七中向美而行，以美育人，让“尚美”文化深入每名学子心中，使每一名七中学子都能构筑起多彩、丰盈、积极的精神世界。

（原载于2022年9月29日《中国教育报》）

# 做校长后，由过去的“表达者”变成了“倾听者”
## ——校长的正面与侧面

李青，江西省九江市第七中学校长。

中师生：第一学历是中师，属于最底层学历。

小专业：所学专业为音乐，在中小学学科中属于小学科小专业，据说江西省中学校长中，音乐学科的仅此一人。

两个十五年：至今工作三十年，其中在学校一线工作十五年，在市教育局工作十五年。

学生的代言者：把学生的发展作为校长的最高使命来办学。坚持一线教学，了解学生学情；利用大课间、午餐等一切机会与学生交流；学校开设选修课、社团之前积极征求学生意见，让课程满足学生需求；每年为学生办十件实事；在学校德馨楼大厅主墙刻上“学校的主人是学生”字样，时刻提醒过往教师。

阅读的爱好者：除了工作，最喜欢做的事就是阅读。阅读既是自我成长的需要，也是自由精神的放飞，与喜欢的书本对话，是人生最幸福的事情。

体育的践行者：要求学生参与体育锻炼的同时，自己每天坚持锻炼一小时，乒乓球、羽毛球、健身操都是最爱的项目，学校大课间跑操时带头与学生同跑。

## 访谈作者丨金琳

校长高参："校长"二字，对您而言意味着什么？

李青："校长"二字在我看来，就是"责任"。

记得台湾作家张晓风在《我交给你们一个孩子》的文章中写道："学校啊，当我把我的孩子交给你，你保证给他怎样的教育？今天清晨，我交给你一个欢欣、诚实又颖悟的小男孩。多年以后，你将还我一个怎样的青年？"

作为校长，当时读到这一句时印象深刻，至今难忘。当然，尽管学生的成长不完全是学校教育的结果，它受到多方面综合影响而成。但不可否认，学校作为培养下一代的主阵地，它的重要性还是不容置疑的。记得刚当校长的头三个月，平时睡眠很好的我，不知何故，每天凌晨 2 点至 5 点要醒 2~3 次，现在想来，肯定是校长的"责任"使然。

校长高参：您最敬佩的同行是哪一位？如果有 10 分钟可以和他／她连线，您会问哪些问题呢？

李青：我最敬佩的同行是李希贵校长。如果可以与他连线，我会问他"在一线高负荷工作的同时，如何做到高效率地学习"。

校长高参：您经常阅读的三个与教育无关的公众号是哪三个？

李青：

民歌中国：一个独立思考、独家奉献、精心策划、精准触达的知名民歌自媒体，众多音乐爱好者的交汇平台。

知识分子：一个致力于关注科学、人文、思想，以"共享人类知识、共析现代思想、共建智趣中国"为主旨的公众平台。

猫大夫医学科普：一个由国家级医学专家搭建的旨在"让医学变得简单的"的医学普及良心平台，超赞！

校长高参：现在的您有哪个特点，会让您的中小学老师、同学惊呼"判若两人"？

李青：少语。

以前的我自认为是偏“多血质”性格类型，愿意与人交往，乐于表达，记得在读师范的时候，校学生会组织开展一次年级辩论赛，我所在的班上要出一名同学参赛。当时班长在班上问有哪位同学愿意报名，我环顾四周发现没有同学举手，便立即报名参赛了，想锻炼一下自己的表达能力。后来比赛尽管表现平平，但从中得到了锻炼和提高。

自从担任校长后，深感责任重大且个人能量有限，经常提醒自己“兼听则明”，要多听听其他人的意见和看法，这样对自己的判断有帮助，所以愿意并注重倾听他人的表达，从中汲取营养，帮助自己提高。久而久之，就由过去的“表达者”逐渐演变成了现在的“倾听者”了。

校长高参：您做过的最大胆的事情是什么？结果如何？

李青：我做过比较大胆的事情是把一个刚过转正期不久的硕士研究生提拔为学校中层副职，并担任高中重点班班主任。这位研究生老师毕业于华中师范大学，综合素质很好，有较强的工作热情、缜密的逻辑思维、系统的专业表达、高效的工作作风，考虑到学校管理队伍年龄老化，急需培养年轻干部，经与班子协商，对其进行了提拔使用。

重点班班主任以往都是由工作多年、有经验的老教师担任，这次任用一个转正不久的青年教师，确实比较大胆。好在学校干部和教师对“学校急需优化干部队伍年龄结构”的现状基本认同，因此阻力倒是不大。

不过我想，此举改变了过去论资排辈的做法，重用一名没有被证明的年轻教师，老师们关注和观望那是一定的。因此任用后，我自己感觉压力甚大，特别交代这位青年教师，一定要把握这次机会，因为这种机会有且只有一次，如果重点班没有带好，第二次担任的机会不大。值得庆幸的是，从目前看，这位年轻教师无论是班级管理还是行政工作都进展顺利，反映良好，前景值得期待。

校长高参：您经历过人生的至暗时刻吗？最低谷的日子您是怎么过

来的？

李青：考研失利大致可以算是人生至暗时刻。我的第一份工作在九江市一中，当时的想法是，在九江一中这所学风很好的学校，一边工作一边学习，争取考上研究生，圆自己的大学教师梦。

但因自己第一学历为中等师范，自初中后就没有学习过英语，所以英语水平一直停留在初中水平，尽管努力自学，但两次考试都因为英语没有通过而失利。后来随着年龄的增大，自己也就断了考研的念头，当时宽慰自己的理由是“也许我更适合做点别的什么”。

自此，我就在九江一中加倍努力工作起来。事实上，九江一中实在是一所优质学校，领导和同事给予我个人很多成长的营养和很好的发展平台，在一中工作那几年，自我感觉收获很大，为自己后期的发展打下了较好的基础。

校长高参：请回想您经历的一件事情 / 一段时光。对您而言，那是特别美好的一次经历 / 一段时光，绝对可以视作您人生的高光时刻。请简要为我们分享一下这个小故事。

李青：我多次被九江市教师培训中心邀请担任全市校长、教师培训的主讲，说实话，每次接到授课任务都倍感压力，因为自己能力有限，现在又是一个信息超级发达的社会，网络上各种专家的授课视频铺天盖地，如何让听课的对象确有收获，不浪费参训者的时间，是我考虑的首要问题。

因此，我每次都花很多时间去做准备，力争让他们浪费的时间少一些。但唯有和全市初中校长们交流我校特色办学情况时，较为轻松，也较为自信，毕竟每天自己都行走在办学的路上。简单说，就是把自己担任校长以来的所思所想、所学所悟、所作所为，给听课的校长们做个汇报。

记得去年 10 月，我给全市初中校长班做了题为“办师生向往的美好教育”的汇报，主要就九江七中的文化、德育、课程、艺术特色、师资队伍、校园建设等方面做了介绍，介绍谈了对上述工作的认识、做法、困惑、困难、办法等。因为都来自一线，有较多的共鸣，汇报取得较好反响，从听课校长们的眼睛里也能感觉到，校长们肯定度较高，对我校特色办学充分肯定，课后还有不少校长发来微信交流看法，作为授课者，这个时候自己的内心也充满幸福，一种分享的喜悦。

校长高参：2022 年您最想做的一件事是什么？

李青：只有当学生主动要求学习的时候，学习才算是真实的开始！鉴于 2022 年是江西省新高考改革第一届学生选课走班之年，我特别想加强学校“职业发展规划”课程建设，希望通过“职业发展规划”课程，能让学生明确人生方向，找准学习目标，激发学习动力，提高学习效率，同时也为选课走班打下坚实基础。

校长高参：如果您能在任何地方立一块巨大的布告板，您会在上面写什么？

李青：人人有才，人无全才，扬长避短，人人成才。

这四句话是九江七中的人才观，七中人认为“人各不同，互有长短，每个人都要找到自己的长处并坚持发展之，就一定会成为人才，成为最好的自己”！兔子、猴子和鱼都各有特长，如果非要比谁能爬树，那兔子和鱼永远都是失败者，但如果让兔子去奔跑，鱼儿去游泳，它们都是绝顶高手。习近平总书记所指出的“人人皆可成才、人人尽展其才”，正是对教育人才培养的精妙论断。

校长高参：如果让您用一句话来介绍您的学校，并让读者留下深刻印象，您会说什么？

李青：九江七中起于美术，兴于美育，成于美好，是一所以“办师生向往的美好教育”为奋斗目标的艺术特色学校。

（原载于 2022 年 3 月 3 日《校长高参》）

# 后 记

编撰本书最早的念头起于一个“误解”。2019年7月，我参加了省教育厅组织的江西省第四期名校长培训班。开班时班主任提到，三年后培训班结业可有两种成果体现，一是撰写3万字的论文，二是出一本10万字以上的书，两者选其一。参加名校长培训班以前自己从未有过出书的想法，但班主任的讲话让我内心有了触动。当时我心里暗自琢磨，如果要写一篇3万字的论文，加上过去自己已经写过的5万～6万字的文章，是不是就接近出书要求呢？因此，自己就利用业余时间朝着这个目标去努力。但当本书初稿形成的时候才了解到，班主任提到的书是指“学术专著”，不是类似本书“文集”，因此最后我的培训班成果还是以论文的形式体现的。不过，对于这样美丽的“误解”，虽小有尴尬，我却没有丝毫的遗憾和后悔，甚至感谢这个“误解”。因为有了它，才有本书的问世，才有机会对自己三十余年的教育教学工作进行一次极有意义的全面审视和回顾。

本书的问世，还要感谢诸多领导、专家、同事、亲友的帮助和关心，如曾悉心指导我写作的老领导、原九江市教育局副局长黄福林；指导我论文写作的北京教育学院陈丽教授、九江学院曹欢荣副教授、九江市教科所林琮老师；参与本书封面、封尾、插图设计的九江七中金燕群老师，九江市金燕群高中美术名师工作室的同仁；为本书提供了摄影作品的九江七中刘慧老师；为本书提供过帮助的九江一中副校长周明学，九江七中现任校长吴琪、副校长李斌、卢飞老师、李相瑞老师、冷冰老师、吴海芳老师、刘峰老师、范蔚霞老师、章丹老师；合作撰文的抚州一中郭晨老师；为本书面世协调各方的市教育局教育志办主任袁银初，以及在本书撰写期间对我倍加理解、支持和鼓励的家人；等等，在此，我谨向大家表示崇高的敬意和衷心的感谢！

孟子说，爱美之心，人皆有之。真心希望本书的每一位读者与美携手，与美为友，相信您的生活一定会越发美好，乐在其中！

作　者

2022 年秋于浔阳